26년 차 전문 컨설턴트가 실무에서 찾아낸
보고가 쉬워지는 보고 패턴 1~~~

보고서 발표
실무 강의

잘 쓰고 제대로 전달하는
보고의 기술 채종서 지음

한빛미디어
Hanbit Media, Inc.

지은이 **채종서**

26년간의 HRD(Human Resource Development, 기업교육) 컨설팅 경험과 교육 현장에서의 노하우를 바탕으로 기업 및 기관 구성원의 역량 향상을 이끌어냅니다. 프레젠테이션 스킬, 사내 강사 양성, 기획력, 문서 작성법, 시각 자료 디자인, 워크스마트 및 HRD 전문 과정 등의 강의와 컨설팅을 진행하고 있습니다.

· 피티아(PTIA) 대표
· 비즈니스 스킬 전문강사
· HRD 컨설턴트

이메일 ptia@outlook.com

26년 차 전문 컨설턴트가 실무에서 찾아낸 보고가 쉬워지는 보고 패턴 12

보고서 발표 실무 강의 – 잘 쓰고 제대로 전달하는 보고의 기술

초판 1쇄 발행 2021년 5월 31일

지은이 채종서 / **펴낸이** 김태헌
펴낸곳 한빛미디어(주) / **주소** 서울시 서대문구 연희로2길 62 한빛미디어(주) IT출판부
전화 02-325-5544 / **팩스** 02-336-7124
등록 1999년 6월 24일 제25100-2017-000058호 / **ISBN** 979-11-6224-438-8 13000

총괄 전정아 / **책임편집** 배윤미 / **기획** 장용희 / **교정** 신꽃다미
디자인 표지 박정우 내지 이아란 / **전산편집** 김희정
영업 김형진, 김진불, 조유미 / **마케팅** 박상용, 송경석, 한종진, 이행은, 고광일, 성화정 / **제작** 박성우, 김정우

이 책에 대한 의견이나 오탈자 및 잘못된 내용에 대한 수정 정보는 한빛미디어(주)의 홈페이지나 아래 이메일로 알려주십시오.
잘못된 책은 구입하신 서점에서 교환해 드립니다. 책값은 뒤표지에 표시되어 있습니다.
한빛미디어 홈페이지 www.hanbit.co.kr / **이메일** ask@hanbit.co.kr

지금 하지 않으면 할 수 없는 일이 있습니다.
책으로 펴내고 싶은 아이디어나 원고를 이메일(writer@hanbit.co.kr)로 보내주세요.
한빛미디어(주)는 여러분의 소중한 경험과 지식을 기다리고 있습니다.

머리글

"보고력 또는 보고 능력은
재능입니까?
스킬입니까?"

위 질문에 여러분은 어떤 대답을 하시겠습니까? 보고는 업무 수행의 가장 기본이 되는 소통의 도구입니다. 그래서 자신의 업무를 명확하고 설득력 있게 표현할 수 있는 능력을 확보하는 것은 직장인이 풀어야 할 하나의 과제입니다. 우선 다행스러운 점은 보고는 재능보다는 스킬에 더 가깝다는 겁니다. 보고의 메커니즘을 이해하고 의도된 학습을 꾸준히 해나간다면 키울 수 있는 능력입니다.

필자가 이 책을 통해 여러분을 최고의 보고자로 만들 수는 없습니다. 다만, 수년 동안 고민하면서 얻은 '좋은 보고를 위해 어떤 준비가 필요한지'에 대한 결과를 함께 나눌 수는 있습니다. 그 결과 위에 노력을 더한다면 여러분은 성공하는 보고자가 될 수 있을 것입니다.

이 책에서는 보고를 네 가지 유형(기획, 요청, 분석, 설명)으로 나누고 이를 다시 12개의 유형으로 세부 분류합니다. 그런 다음 이를 '1분 보고' 형식에 맞게 준비하고 전달하는 과정을 담았습니다.

보고를 준비하는 과정에서 어떻게 생각하고 정리하는지 실습하기 위해 현업에서 사용되는 발표 보고서를 분석해 유형별로 분류하고 워크시트, 포스트잇, 온라인 도구 등을 활용해서 생각을 정리하는 과정을 다뤘습니다.

보고에서 1분은 상징적인 시간입니다. 예시 스크립트 중에는 1분 안에 보고를 완료할 수 없는 분량도 있습니다. 1분은 짧고 간결하게 보고 내용을 전달하는 연습을 하기 위한 최적의 시간이라고 이해해주시기 바랍니다.

또한 보고서 발표 시 활용할 수 있는 전달 기법을 마지막 PART에 정리해놓았습니다. 화법과 목소리 활용법인 '음성 언어', 자세와 눈 맞춤 및 손동작 등에 관련된 '신체 언어', 시각 자료를 보조 자료로만 활용하여 보고자가 주인공으로서의 역할을 수행할 수 있는 '시각 언어'의 전달 기법을 다룹니다. 이 세 가지 전달 기법을 익히면 보고, 프레젠테이션, 스피치에서 유용하게 사용할 수 있을 것입니다.

이 책이 여러분을 최고의 보고자로 인도하는 밑거름이 되기를 희망합니다.

7년 만에 다시 펜을 들게 도와주신 한빛미디어 배윤미 팀장님과 열과 성을 다해 기획과 편집을 해주신 장용희 과장님, 항상 격려와 지지를 해주신 제현형님, 준오, 익상, 도원 피티아 멤버들에게 감사드립니다.

그리고 영원한 후원자 아버지, 어머니, 동생 지혜와 지윤, 지친 남편을 항상 따뜻하게 위로해주는 아내 유정과 제가 살아가는 이유인 두 딸 예진이, 예윤이 모두 사랑합니다.

마지막으로 이 책을 쓸 수 있도록 저를 채찍질하고 격려해주신 수많은 교육담당자와 교육생 및 보고자들에게 이 책을 바칩니다.

2021년 5월

채종서

이 책은 다음과 같이 구성되어 있습니다. 보고서의 네 가지 유형을 알아보고, 실제 보고서를 발표하거나 상사 혹은 고객에게 보고할 때 사용할 수 있는 12가지 보고 패턴을 살펴봅니다. 그런 다음 [스크립트 읽어보기]를 통해 보고서 발표에 필요한 노하우를 학습합니다.

▶▶▶ 보고서 발표의 기술 01

보고 이해하기

직장생활을 하면서 보고를 해보지 않은 직장인은 거의 없을 것입니다. 그런데 여러분이 처음 했던 보고가 어땠는지 기억이 나시나요? 아마도 긴장해서 무슨 말을 했는지 정확하게 기억나지 않는 분이 대부분일 것입니다. 필자도 그렇습니다. 처음 했던 보고의 대상이 누구인지, 어떤 내용이었는지 잘 기억나지 않습니다. 그러나 원하는 만큼 잘하지 못했다는 것은 정확하게 기억납니다. 그럼 지금은 어떨까요?

필자는 강산이 몇 번 바뀔 정도로 오랫동안 의사결정권자와 고객을 대상으로 수없이 많은 보고를 했습니다. 그렇다면 지금은 짧은 경험만큼 만족스러운 보고를 하고 있을까요? 안타깝지만 그렇지는 않습니다. 많은 직장인이 아무리 많은 보고를 경험했다 하더라도 여전히 '보고는 어렵다'는 말에 동의할 것입니다.

보고가 어렵다고 해서 피하는 것이 능사는 아닙니다. 보고는 매우 중요한 업무 수단입니다. 조직의 구성원 간 의사소통의 기본 수단이며, 합의를 이끌어내는 중요한 과정입니다. 따라서 적절한 시기에 필요한 내용을 구두 보고나 문서 보고를 통해 정확하게

018 보고서 발표 실무 강의

● **실전 보고서 발표 기술**

보고에 필요한 개념, 논리, 준비 요소를 알아봅니다. 보고 내용을 구성할 때 활용할 수 있는 네 가지 보고 유형과 다섯 가지 패턴을 소개합니다. 보고에 유용한 기술을 익혀 실무 보고서 발표에 활용해보세요.

📄 학습 정리

기획 보고는 업무에서 발생한 문제를 해결할 수 있도록 아이디어나 대안을 수립한 내용을 전달하는 보고입니다.

▶ 의견을 제시하는 제안 보고
제안 보고는 보고자가 생각한 아이디어를 의도적으로 관철시키는 활동입니다. 제안 보고를 한다고 해서 무조건 통과되는 것이 아닙니다. 그러므로 제안을 받는 사람이 수많은 아이디어 중에 보고자의 아이디어를 선택하는 의사결정을 할 수 있도록 적절하고 명확한 논거를 제시하는 것이 중요합니다.

▶ 해결안을 제시하는 개선 보고
개선 보고는 실제 업무에서 드러난 문제점을 어떻게 개선할지 대책을 세워 내용을 전달하는 보고입니다. 문제와 원인을 자세히 규명하고, 개선 대책을 수립하여, 이를 해결했을 때의 효과를 함께 제시합니다.

▶ 방향을 제시하는 정책 보고
정책 보고는 의사결정권자가 정책의 방향과 과제를 정확하게 인식하고 의사결정을 할 수 있도록 관련 사실을 정리하고 다양한 관점을 반영해 분석적·종합적으로 업무 방향을 제시하는 보고입니다. 의사결정권자의 입장에서 알아야 할 핵심 사항을 중심으로 간결하게 보고하는 것이 좋습니다.

088 보고서 발표 실무 강의

📄 **학습 정리**

보고에 꼭 필요한 핵심 내용을 [학습 정리]로 한번 더 정리합니다. 보고를 준비하는 과정에서 내용이 제대로 정리되지 않았다면 [학습 정리]만 훑어보아도 보고의 핵심을 쉽게 이해할 수 있습니다.

책을 차례로 읽으며 보고서 발표를 위한 유형과 패턴을 학습합니다. 보고의 흐름을 이해하고 보고에 최적화된 학습을 이어간다면 어느새 성공하는 보고자가 될 수 있을 것입니다. 업무에 우선 활용할 수 있는 각 요소를 확인하세요.

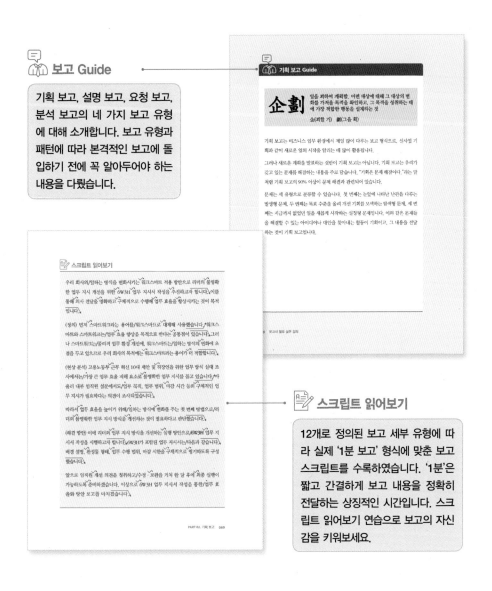

💬 보고 Guide

기획 보고, 설명 보고, 요청 보고, 분석 보고의 네 가지 보고 유형에 대해 소개합니다. 보고 유형과 패턴에 따라 본격적인 보고에 돌입하기 전에 꼭 알아두어야 하는 내용을 다뤘습니다.

💬 기획 보고 Guide

企劃

일을 꾀하여 계획함. 어떤 대상에 대해 그 대상의 변화를 가져올 목적을 확인하고, 그 목적을 성취하는 데에 가장 적합한 행동을 설계하는 것

企(꾀할 기) 劃(그을 획)

기획 보고는 비즈니스 업무 환경에서 제일 많이 다루는 보고 형식으로, 신사업 기획과 같이 새로운 일의 시작을 알리는 데 많이 활용됩니다.

그러나 새로운 계획을 발표하는 것만이 기획 보고는 아닙니다. 기획 보고는 우리가 갖고 있는 문제를 해결하는 내용을 주로 담습니다. "기획은 문제 해결이다."라는 말처럼 기획 보고의 90% 이상이 문제 해결과 관련되어 있습니다.

문제는 세 유형으로 분류할 수 있습니다. 첫 번째는 눈앞에 나타난 난관을 다루는 발생형 문제, 두 번째는 목표 수준을 올려 개선 기회를 모색하는 탐색형 문제, 세 번째는 지금까지 없었던 일을 새롭게 시작하는 설정형 문제입니다. 이와 같은 문제들을 해결할 수 있는 아이디어나 대안을 찾아내는 활동이 기획이고, 그 내용을 전달하는 것이 기획 보고입니다.

보고서 발표 실무 강의

📝 스크립트 읽어보기

우리 회사의/일하는 방식을 변화시키는/워크스마트 적용 방안으로 리더의/명확한 업무 지식 개선을 위한/6W3H 업무 지시서 작성을/추진하고자 합니다./이를 통해 의사 전달을 명확하고 구체적으로 수행해/업무 효율을 향상시키는 것이 목적입니다.

(정의) 먼저 스마트워크라는 용어를/워크스마트로/대체해 사용했습니다./워크스마트와 스마트워크라는/업무 효율 향상을 목적으로 한다는 공통점이 있습니다./그러나 스마트워크는/물리적 업무 환경 개선에,/워크스마트는/일하는 방식의 변화에 초점을 두고 있으므로/우리 회사의 목적에는/워크스마트라는 용어가 더 적합합니다.

(현상 분석) 고용노동부/근무 혁신 10대 제안 및 직장인을 위한 업무 방식 실태 조사에서는/가장 큰 업무 효율 저해 요소로/불명확한 업무 지시를 꼽고 있습니다./하물며 내부 임직원 설문에서도/업무 목적, 업무 범위, 마감 시간 등의 구체적인 업무 지시가 필요하다는/의견이 조사되었습니다.

따라서 업무 효율을 높이기 위해/일하는 방식의 변화를 첫 번째 방법으로/리더의 불명확한 업무 지시 방식을/개선하는 것이 필요하다고 판단했습니다.

(해결 방안) 이에 리더의 업무 지시 방식을 개선하는/실행 방안으로/6W3H 업무 지시서 작성을 시행하고자 합니다./6W3H가 포함된 업무 지시서는/다음과 같습니다./배경 설명, 완성도 형태, 업무 수행 범위, 마감 시한을 구체적으로/명기하도록 구성합니다.

앞으로 임직원 개선 의견을 청취하고/수정 보완을 거쳐 한 달 후/최종 실행이 가능하도록/준비하겠습니다./이상으로 6W3H 업무 지시서 작성을 통한/업무 효율화 방안 보고를 마치겠습니다.

📝 스크립트 읽어보기

12개로 정의된 보고 세부 유형에 따라 실제 '1분 보고' 형식에 맞춘 보고 스크립트를 수록하였습니다. '1분'은 짧고 간결하게 보고 내용을 정확히 전달하는 상징적인 시간입니다. 스크립트 읽어보기 연습으로 보고의 자신감을 키워보세요.

▶▶▶ 보고의 기술

보고는 업무 수행의 가장 기본이 되는 도구입니다. 자신의 업무를 명확하게 전달하고 상사와 고객을 설득할 수 있는 능력을 확보하는 것이 매우 중요합니다. 각 PART별로 구성된 보고 유형과 패턴을 파악하고 26년 차 전문 컨설턴트의 노하우를 꼼꼼히 학습하세요.

PART 01 업무 수행의 기본, 보고력	[보고의 기술] 26년 차 전문 컨설턴트가 보고의 개념과 구조에 대해 간략히 설명합니다.
PART 02 기획 보고	[문제 해결] 기획 보고의 목적은 의사결정이므로 문제 정의 및 과제 해결 과정을 논리적으로 전달합니다. · 의견을 제시하는 제안 보고 · 해결안을 제시하는 개선 보고 · 방향을 제시하는 정책 보고
PART 03 설명 보고	[과정 및 결과] 설명 보고의 목적은 이해이므로 사례를 제시해 과제 수행 절차를 쉽게 전달합니다. · 실행을 전파하는 계획 보고 · 성과를 전달하는 결과 보고 · 혜택을 전달하는 상품/서비스 보고
PART 04 요청 보고	[업무 효율] 요청 보고의 목적은 업무 효율을 높이는 것이므로 구체적인 요구 사항을 전달합니다. · 행동을 촉구하는 협조 보고 · 타당성을 확인하는 검토 보고 · 방책을 마련하는 대응 보고
PART 05 분석 보고	[정보 전달] 분석 보고의 목적은 정확한 사실을 논리적으로 분석해 제시하는 것이므로 분류 기준이나 체크리스트, 분석 도구를 활용합니다. · 사실을 확인하는 현상 보고 · 쟁점을 정리하는 이슈 보고 · 트렌드를 공유하는 동향 보고
PART 06 보고 스킬	[보고의 스킬] 보고할 때 필요한 화법, 자세, 보디랭귀지 등을 익힙니다. · 말하기에 중요한 목소리, 보디랭귀지, 눈 맞춤 이해하기 · 화상회의 등 비대면 보고 스킬

보고서 내용이 전달하기 쉽지 않은 경우 표와 다이어그램으로 개념을 정리하면 쉽게 이해할 수 있습니다. 보고서의 유형과 패턴을 파악한 후 세부 유형에 따른 보고서 발표법을 익히세요.

보고 유형 다이어그램

글만으로는 잘 이해되지 않는 보고의 구조적 특성과 패턴을 한눈에 이해하기 쉽도록 다이어그램으로 표현했습니다. 또한 다양한 업무 지시와 보고서 사례를 소개하여 실무에 적용할 수 있도록 했습니다.

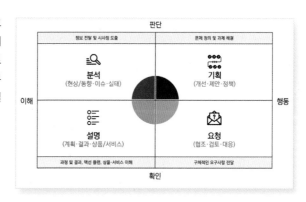

보고 패턴 정리하기

보고의 내용 전개에 도움이 되는 패턴 중 가장 쓰임새가 많은 다섯 가지를 소개합니다. 패턴을 적용하면 목차 구성과 메시지 도출 등을 효과적으로 정리할 수 있고 구성에 문제가 생기지 않을 확률이 높습니다. 다양한 보고 유형을 이해하고 보고 패턴을 적용해 정확한 보고를 할 수 있도록 활용해보세요.

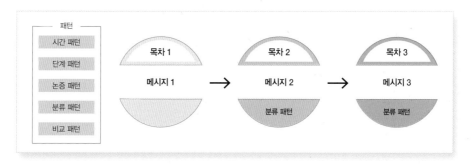

스크립트 읽는 방법

1분 보고 스크립트를 소리 내어 읽을 때 참고하세요.
/ 짧은 호흡으로 읽기, ⌄ 멈춘 후 읽기, • 강하게 발음하기, ＼ 내려 읽기, ／ 올려 읽기

▶▶▶ 목차

▶▶▶ 목차

▶▶▶ 목차

▶▶▶ 목차

업무 수행의 기본, 보고력

보고 이해하기

직장생활을 하면서 보고를 해보지 않은 직장인은 거의 없을 것입니다. 그런데 여러분이 처음 했던 보고가 어땠는지 기억이 나시나요? 아마도 긴장해서 무슨 말을 했는지 정확하게 기억나지 않는 분이 대부분일 것입니다. 필자도 그렇습니다. 처음 했던 보고의 대상이 누구였는지, 어떤 내용이었는지 잘 기억나지 않습니다. 그러나 원하는 만큼 잘하지 못했다는 것은 정확하게 기억납니다. 그럼 지금은 어떨까요?

필자는 강산이 몇 번 바뀌는 동안 의사결정권자와 고객을 대상으로 수없이 많은 보고를 했습니다. 그렇다면 지금은 쌓인 경험만큼 만족스러운 보고를 하고 있을까요? 안타깝지만 그렇지는 않습니다. 많은 직장인 역시 아무리 많은 보고를 경험했다 하더라도 여전히 '보고는 어렵다'는 말에 동의할 것입니다.

보고가 어렵다고 해서 피하는 것이 능사는 아닙니다. 보고는 매우 중요한 업무 수단입니다. 조직의 구성원 간 의사소통의 기본 수단이며, 합의를 이끌어내는 중요한 과정입니다. 따라서 적절한 시기에 필요한 내용을 구두 보고나 문서 보고를 통해 정확하게 전달하는 능력은 직장인의 중요 역량이라 할 수 있습니다. 즉, 조직에서 보고 능력과 뛰어난 업무 수행 능력은 상호 비례합니다.

보고란?

국어사전에서는 보고를 '일에 관한 내용이나 결과를 말이나 글로 알림'이라고 정의하고 있습니다. 또한 한자어로 보고는 報(알릴 보)에 告(고할 고)로 '알리어 바치거나 베풀어 알림'으로 풀이됩니다.

報告 알리어 바치거나 베풀어 알림
報(알릴 보) : 알리다, 대답하다, 여쭈다, 판가름하다.
告(고할 고) : 고하다, 알리다, 아뢰다, 깨우쳐주다.

보고의 한자어 풀이를 보면 '알리다', '바치다', '베풀다'의 세 키워드를 찾을 수 있습니다. 즉, 상사나 고객의 요청에 맞게 알릴 내용을 준비하고, 준비된 내용을 구두나 문서로 전달하는 과정이라고 해석할 수 있습니다. 그런데 '베풀다'는 어떤 의미일까요? 설득이나 설명의 과정에서 '베풀다'는 것은 '청중의 눈높이(Audience Shoes)'에 맞춘다는 의미입니다. 보고를 받는 사람이 궁금해하는 내용을 전달하고, 그들의 눈높이에 맞춰 설명하는 것, 요즘 말로 '케미(Chemistry)'를 맞추는 것이라고 해석할 수 있습니다. 이 부분에서 보고가 어려운 결정적인 이유를 찾을 수 있습니다. 왜냐하면 상대의 눈높이가 어디에 있는지를 찾아 케미를 맞추는 공식은 세상 어디에도 존재하지 않기 때문입니다. 보고가 어려운 이유를 좀 더 구체적으로 살펴보겠습니다.

보고가 어려운 이유

보고가 어려운 이유는 사람마다 다를 것입니다. 그러나 달라 보여도 결국 같은 범주에 포함될 수 있습니다. 보고가 어려운 이유를 세 가지로 정리해봤습니다.

> 첫째, 보고 내용에는 정답이 없습니다.
> 둘째, 의사결정권자나 고객의 생각은 보고를 받으면서 진화합니다.
> 셋째, 준비할 시간이 충분하게 주어지지 않습니다.

첫째, 보고는 그 내용에 정답이 없기에 어렵습니다. 또한 보고 내용이 매번 달라지는 것도 힘든 요인입니다. 이것은 사업 영역의 업무나 정부의 행정 등이 수행되는 과정에 '진리'가 존재하지 않는 데서 기인합니다. 예를 들어 "해는 동쪽에서 뜬다."는 문장은 반론의 여지가 없는 참입니다. 이처럼 근거를 제시할 필요가 없는 주장을 진리라고 합니다. 그러나 업무 상황에는 진리가 존재하지 않습니다.

업무 과정에서 발생하는 문제를 해결할 수 있는 방안이 한 가지만 있는 것이 아닙니다. 적게는 서너 가지, 많게는 수십 가지의 방안을 해결책으로 제시할 수 있습니다. 그러므로 보고자는 자신이 제안한 방안이 왜 선택되어야 하는지 이유와 근거를 제시하고, 보고를 받는 사람을 납득시켜야 합니다. 이를 설득 과정이라고 할 수 있습니다. 그런데 보고자가 제안한 방안이 진리라고 해석할 수 있는 완벽한 이유와 근거는 찾기 힘듭니다. 특히 실제 업무 상황에서는 누구나 납득할 수 있는 결정적이고 확실한 이유를 찾을 수 없는 경우가 대부분입니다. 따라서 우리는 의사결정자의 선택에 영향을 끼칠 수 있는 여러 가지 근거를 찾아 논리적 관계를 제시하는 방식을 선택할 수밖에 없습니다. 문제는 그 과정이 결코 쉽지 않다는 것입니다.

둘째, 의사결정권자의 눈높이가 보고 진행 과정에서 점점 높아지기 때문에 어렵습니다. 처음에 보고자에게 제안을 요청할 때는 상사나 고객이 한정된 지식을 갖고 있지만, 보고자가 조사하고 분석한 자료를 접하면서 학습효과가 발생합니다. 그리고 그렇게 확장된 지식을 기준으로 추가 요구를 합니다. 일종의 풍선효과[1]가 발생하는 것입니다. 보고자 입장에서는 눈앞의 문제를 해결했는데, 그 문제를 기준으로 의사결정권자의 추가 요구가 풍선처럼 불어난다면 난감할 수 있습니다.

셋째, 중요하고 긴급한 문제가 발생했을 때 보고를 해야 하는 경우가 많습니다. 따라서 보고를 준비할 수 있는 시간이 충분히 주어지지 않습니다. 긴급한 사안을 충분히 검토하지 못하고 보고해야 하는 경우가 많다면 짧은 시간에 생각을 정리할 수 있는 틀을 갖추고 있어야 합니다. 충분한 시간이 주어지지 않는 상황에서도 효과적으로 보고할 수 있어야 하기 때문입니다.

이외에도 보고가 어려운 이유는 많습니다. 그렇다고 우리가 보고를 피할 수는 없습니다. 피할 수 없기 때문에 즐기라는 조언을 하고 싶지는 않습니다. 대신 보고를 잘 할 수 있으려면 무엇을 준비하고 갖춰야 할지를 고민하고 학습하라는 조언을 하고 싶습니다. 보고를 준비하는 과정부터 발표하는 과정까지 하나씩 살펴보겠습니다.

보고의 시작, 업무 지시를 받는 것

보고 준비는 수명과 동시에 시작됩니다. 수명(受命)이란 '명령을 받는다'는 뜻으로, 보고 과정에서의 수명은 상사의 업무 지시를 받는 것이라고 할 수 있습니다. 그런데 수명 과정에서 우리는 어려움을 겪을 때가 많습니다. 상공회의소에서 발표한 〈국내기업의 업무 방식 실태 보고서(2018. 10.)〉에서는 비과학적 업무 방식의 가장 대표적인

---

[1] 풍선효과(Balloon Effect)는 어떤 부분의 문제를 해결하면 또 다른 부분에서 새로운 문제가 발생하는 현상을 말합니다.

현상으로 전략적 판단 부재와 불명확한 업무 지시를 꼽았습니다. 목적과 방향성이 없는 주먹구구식 업무 추진으로 인해, 보고가 끝나면 직원들끼리 "오늘도 이 산이 아니었다."는 말을 종종 한다는 것입니다. 또 "일단 알아서 해봐!"라는 식으로 추진 배경을 명확하게 설명하지 않거나, 보고에 필요한 정보를 사전에 충분히 제공하지 않아 상사의 의중을 분석하기 위한 회의를 해봤다는 비율도 무려 60%나 된다고 합니다. "지시 내용이 불분명한 경우 다음 보고의 목적은 상사의 의중 파악입니다."라는 말도 있을 정도로 실무에서는 여전히 Explain Why[2]를 제공하지 않는 보고 문화를 심심찮게 찾아볼 수 있습니다.

그렇다면 보고자인 여러분은 어떻습니까? 우리나라에만 존재하는 수명 문화가 있다는 우스갯소리가 있습니다. 상사가 "이번 달 매출 실적을 정리해서 보고해주세요."라고 업무를 지시한다고 가정해봅시다. 이때 우리나라 직장인의 95%가 일단 "예."라고 대답한다고 합니다. 상사의 업무 지시를 정확하게 이해하지 못한 경우에도 일단 대답한 뒤에 지시사항을 추측해서 보고 내용을 준비한다는 것입니다.

보고는 지시자와 지시를 받는 자의 상호 잘못으로 어긋나는 경우가 허다합니다. 따라서 상사의 지시를 수명하는 단계에서 잘못된 단추를 끼우면 안 됩니다. 지시 내용이 명확하지 않다면 "예."라고 대답하기 전에 잘 이해되지 않은 부분에 대해 반드시 질문해야 합니다. 이 과정은 지시자로 하여금 스스로 정리한 업무를 지시하도록 유도하는 과정이기도 합니다. 특히 지시를 받는 사람은 수명의 3요소를 명확하게 확인해야 합니다.

---

2) Explain Why는 업무 지시자가 업무 수행자에게 과제의 배경, 필요성, 이유 등을 구체적으로 명확하게 설명해 업무 방향을 명확히 하는 활동을 말합니다.

보고자가 제일 먼저 명확하게 알아야 하는 것은 보고의 목적입니다. 예를 들어 이번 달 매출 실적을 보고해야 한다면 그 자료를 어떤 용도로 사용할 것인지 알아야 합니다. 차상급자에게 다시 보고하기 위해서인지, 이번 달 매출 실적을 토대로 다음 달 목표를 세우려고 하는지를 알아야 그에 맞는 보고를 할 수 있기 때문입니다.

다음으로 보고 범위를 명확히 알아야 합니다. 이번 달 매출 실적만 보고하면 되는지, 지난 달과 이번 달 매출의 차이를 보고해야 하는지, 아니면 지난 연도와 비교해서 변화 추이를 살펴야 하는지 등 그 내용을 어디까지 정리해야 하는지 확인해야 합니다.

마지막으로 언제까지 보고를 해야 하는지를 알아야 합니다. 마감 시간에 따라 중간 보고가 필요한지, 얼마나 서둘러 준비해야 하는지 등을 결정할 수 있기 때문입니다.

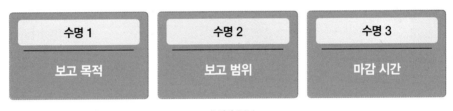

▲ 수명의 3요소

좋은 보고는 목적, 범위, 마감 시간, 즉 수명의 3요소를 확인하는 것에서 출발합니다. 이를 적시에 구체적으로 확인할 수 있도록 평상시에 상사와 의사소통이 원활하게 이루어질 수 있는 관계를 유지하는 것도 중요합니다.

보고에는 논리가 있어야 한다

보고는 논리적이어야 합니다. 논리가 확보되지 않은 내용으로는 의사결정권자를 설득할 수 없습니다. 논리는 보고자의 의견과 그 의견을 입증하는 사실이 하나의 구조를 이루는 것이라고 정의할 수 있습니다. 논리를 확보하려면 육하원칙 요소 중 Why, How, What에 대한 충분한 답변이 있어야 합니다. 이 세 요소 중 하나라도 없거나 내용이 빈약하면 잘 된 보고라고 할 수 없습니다.

사이먼 시넥(Simon Sinek)은 그의 강연 〈How Great Leaders Inspire Action(위대한 리더들이 행동을 이끌어내는 법)〉[3]과 저서 《Start with Why(나는 왜 이 일을 하는가)》에서 모든 것은 '왜(Why)'로부터 시작되어야 한다고 강조합니다. '무엇을(What)' 하는지, '어떻게(How)' 하는지보다 '왜' 하는지를 정확히 알고 있어야 한다는 것입니다. 그리고 이러한 과정에서 여러 사람의 마음을 움직이고 성취를 이뤄내는 방법을 '골든 서클(Golden Circle)'이라고 정의했습니다.

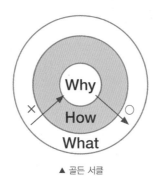

▲ 골든 서클

보고에서도 답변의 3요소인 골든 서클이 매우 중요합니다. 대부분의 보고자가 보고를 준비하는 과정에서 '무엇을'과 '어떻게'를 중요하게 생각합니다. 그리고 보고를 진행할 때도 '무엇을'과 '어떻게'를 강조해 이야기합니다. 그러나 보고를 받는 사람은 '왜'라는 궁금증이 해결되지 않으면 '무엇을'과 '어떻게'를 받아들이지 않는다는 것을 명심해야 합니다. 그렇기 때문에 보고 준비는 '왜'로부터 출발해야 합니다. '왜'에 대해 충분히 대답했다면 '무엇을'과 '어떻게'에 대한 답변이 자연스럽게 이어지도록 구성합니다.

....

[3] 이 강연은 TED(http://www.TED.com)에 업로드되어 있으며, TED가 생긴 이래 역대 최다 조회수를 기록했습니다.

보고가 실패하는 이유는 이 세 가지 질문에 대한 답변을 제대로 제시하지 못했기 때문입니다. 따라서 보고 준비는 이 세 질문에 대한 답을 만드는 것에서 출발해야 합니다. 업무 보고를 하는 과정에서 다음과 같은 질문을 받는다면 그 보고는 실패했다고 할 수 있습니다.

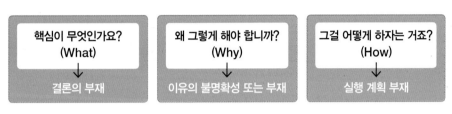

▲ 답변의 3요소

핵심 : 핵심이 무엇인가요?

필자가 진행하는 보고 스킬 강의에서는 교육생들이 발표를 합니다. 발표가 끝난 후 필자는 "보고의 핵심적인 결론을 두 문장으로 요약해서 말씀해주세요."라고 요청합니다. 이때 바로 답하는 보고자가 얼마나 될까요? 물론 모두 답변을 합니다. 그러나 답변을 들어도 무슨 이야기인지 명확히 이해되지 않을 때가 많습니다. 즉, 대부분의 보고자가 결론을 두 문장으로 요약하지 못합니다. 머릿속에 보고의 핵심 내용이 명확하게 들어 있지 않은 것입니다. 자신도 명확하게 설명하지 못하는데 어떻게 남을 설득할 수 있을까요?

이 질문의 요지는 보고가 끝난 후에 상사의 기억 속에 남는 핵심 메시지가 있어야 한다는 것입니다. 보고자는 보고의 결론을 15초 이내의 짧은 메시지로 설명할 수 있어야 합니다. 이를 '전달의 요점(Governing Through)'이라고 합니다. 최종 결론이 무엇인지 모른 채 보고해서는 안 됩니다.

이유 : 왜 그렇게 해야 합니까?

보고를 받는 의사결정권자는 이기적으로 판단합니다. 두 가지 측면에서 그렇습니다. 첫째, 선택에서 이기적입니다. 보고자가 제시하는 해결책이나 결론은 의사결정권자의 입장에서 보면 수많은 제안 중에 하나일 뿐입니다. 많은 제안 중에 하나를 선택할 수 있으며, 보고자가 제시한 해결책이나 결론을 거부할 수도 있습니다.

둘째, 자신의 몫에 대해 이기적입니다. 아무리 좋은 제안이라 해도 이익이 절대적인 기준에 부합하지 않으면 받아들이지 않습니다. 따라서 의사결정권자는 보고자에게 "왜 그렇게 해야 합니까?"라는 질문을 통해 자신의 선택 기준과 이익 기준에 부합하는지 확인하고 싶어합니다. 그러므로 이 질문은 보고자가 제시하는 해결책(How)에 대한 부가적인 이유(Why)를 묻는 것이기도 합니다.

방법 : 그걸 어떻게 하자는 거죠?

고양에 목에 방울을 다는 쥐들의 우화가 있습니다. 쥐들이 고양이에게 자꾸 물려 죽자 대책을 마련하기 위해 회의를 합니다. 여러 방안이 제시되었고 한 쥐가 고양이 목에 방울을 달자는 해결책을 제시했습니다. 목에 방울을 달면 고양이가 가까이 왔을 때 소리가 나므로 도망갈 수 있다는 것입니다. 모든 쥐가 살 수 있는 희망을 주는 근사한 해결책입니다. 그런데 그 이후에도 쥐들은 계속 고양이에게 물려 죽었습니다. 고양이 목에 방울을 달 방법을 찾지 못했기 때문입니다.

의사결정권자는 해결책은 물론 그것을 어떻게 실행할 수 있는지도 중요하게 생각합니다. 그러므로 고양이 목에 방울을 달자는 해결책을 제시했다면 방울을 달 수 있는 방법도 함께 제시해야 합니다. 구체적인 실행 계획이 마련되지 않은 해결책은 떠다니는 구름과 같습니다. 또한 그 계획을 구체적으로 실행할 수 있는 자원도 고려해야 합니다. 실제로 시행할 수 없는 계획이라면 의미가 없기 때문입니다.

보고 내용을 준비할 때 어떤 방법을 사용하는지는 그리 중요하지 않습니다. 내용을 준비하는 절대적인 방법은 없습니다. 그러나 상사가 듣고 싶어하는 이야기는 항상 같다고 생각해야 합니다. 상사는 명확한 결론, 즉 해결책을 원하고, 왜 그것을 선택해야 하는지 근거를 듣고 싶어하며, 잘 짜인 실행 계획을 통해 구체적인 방법과 수단을 확보하기를 원합니다. 상사가 보고를 수용하기를 원한다면 기본적인 논리와 답변의 3요소에 집중해야 합니다.

보고 준비의 3요소

수명을 명확하게 하고, 보고서 작성까지 완료했으면 이제 구두 보고를 준비해야 합니다. 보고를 준비하는 과정은 사람마다 다를 것입니다. 정형화된 준비 방법이 없다는 의미이기도 합니다. 구두 보고와 문서 보고를 준비하는 방법은 크게 다르지 않습니다. 준비하는 분량에는 차이가 있겠지만 확보해야 하는 요소는 같습니다. 보고 준비의 3요소는 구조, 논리, 표현입니다.

▲ 보고 준비의 3요소

첫째, 구조를 결정해야 합니다. 구조는 문서의 목차에 해당합니다. 목차는 내용의 흐름을 만드는 중요한 요소입니다. 예를 들어 현상을 분석해 문제를 찾아냈는데 원인 분석이나 문제점 도출 없이 곧바로 해결책으로 넘어갈 수는 없습니다. 목차의 중요 항목이 누락되면 인과관계가 형성되지 않습니다. 이 구조는 구두 보고에도 동일하게 적용됩니다. 보고 시간이 짧다고 해서 중요도에 따라 몇 가지를 생략하면 안 됩니다. 목차의 각 항목이 전개되면서 인과관계나 논리적 흐름이 무너져도 안 됩니다. 구두 보고에는 3단 구조를 활용할 것을 추천합니다.

둘째, 목차를 논리적으로 구성해야 합니다. 의견이나 주장이 있으면 그 의견과 주장을 뒷받침하는 근거를 반드시 제시해야 하고, 그 근거를 통해 의견과 주장이 힘을 받을 수 있게 구성해야 합니다. 또한 답변의 3요소를 놓치지 않아야 합니다. '무엇을', '왜', '어떻게'를 기본 구조로 하여 구두 보고를 할 수도 있습니다. 답변의 3요소는 논리적 보고를 만드는 기본이 되므로 여러 용도로 활용할 수 있습니다. 다음은 답변의 3요소로 보고의 기본 틀을 구성한 예시입니다.

What : 실내 흡연을 금지하는 법안을 만들어야 합니다.
Why : 금연 정책은 국민 건강을 위한 중요 과제이며, 2019년 국민 인식조사 결과 80% 이상이 실내 흡연을 반대하고 있기 때문입니다.
How : 법안이 통과되면 2021년 1월 1일부터 30일 동안 홍보 및 계도를 거쳐 2월 1일부터 전면 시행할 예정입니다.

셋째, 표현 방식을 정리해야 합니다. 여기에서 '표현'을 '파워포인트를 활용해 도형을 예쁘게 만드는 것' 정도로 생각하면 안 됩니다. 물론 텍스트로 되어 있는 단락을 이해하기 쉽게 도해로 만들어 전달하는 시각화도 표현에 해당합니다. 그러나 보고에서의 표현에는 시각화뿐 아니라 문장이나 단어의 사용도 포함됩니다. 구두 보고에서는 문장이나 단어의 사용을 세심하게 점검해야 합니다. 추상적인 단어는 사용하지 않는 것이 좋습니다. '많다'는 단어를 예로 들어보겠습니다. '많다'고 하면 숫자 얼마 이상을 의미할까요? 사람마다 그 개념을 다르게 사용할 수 있습니다. 보고자는 대략 100

개가 넘어서 '많다'는 표현을 사용했는데, 상사는 1,000개 정도로 받아들였다면 문제가 발생합니다. 그러므로 사용하는 용어가 보고자의 의도와 일치되도록 표현을 정리해야 합니다.

보고의 분류와 패턴

보고 내용을 구성할 때는 보고를 받는 사람의 의도를 정확하게 파악하는 것이 중요합니다. 그리고 그에 대한 이해를 바탕으로 치밀하게 내용을 구성해야 목적을 달성할 수 있습니다. 이를 위해 핵심 내용을 중심으로 어떻게 정보를 배치하고 논리적으로 구성할 것인지를 고민해야 합니다. 그런데 내용을 잘 알고 있다고 해서 구성을 잘 할 수 있는 것은 아닙니다. 목적에 맞게 정보를 배치하고 논리적으로 구성하는 것은 또 다른 영역이라고 할 수 있습니다.

앞에서 보고에 필요한 답변의 3요소와 보고 준비의 3요소를 통해 보고를 구성하는 큰 틀을 살펴보았습니다. 또한 보고를 구성할 때는 3단 구조를 사용한다는 것도 간략하게 알아보았습니다. 보고서를 구성할 때 보고 프레임의 몇 가지 패턴을 알고 있다면 많은 도움이 될 것입니다. 패턴은 내용의 전개 순서를 의미하며, 이는 꼬리에 꼬리를 무는 흐름을 만드는 역할을 합니다. 다양한 패턴 중 이 책에서는 다섯 가지 기본 패턴을 소개합니다. 또한 보고의 목적과 의사결정 형태에 따라 보고의 유형을 분류해봅니다.

보고의 네 가지 유형 살펴보기

보고의 유형을 분류하는 기준 중 보고의 목적은 실행 여부를 통해 구분할 수 있습니다. 주어진 과제가 아직 업무로 실행되기 전의 기획이나 제안이라면 보고의 목적은 설득 또는 행동 변화입니다. 보고를 받는 사람이 원하는 '행동'을 하도록 만드는 것입니다. 반대로 주어진 과제가 실행된 후에 결과를 전달하는 보고의 목적은 설명을 통한 '이해'입니다.

또 다른 기준인 의사결정의 형태에는 상사나 고객이 복수의 대안 중에 하나를 선택하는 '판단'과 어떤 일이 일어났는지 사실을 '확인'하는 형태가 있습니다.

다음과 같이 보고의 목적을 X축에 놓고 의사결정 방식을 Y축에 배열하여 2×2 매트릭스를 만들면 보고를 네 가지 유형으로 분류할 수 있습니다.

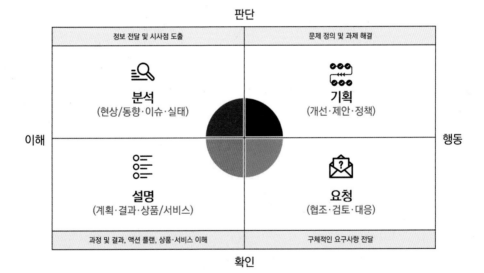

▲ 보고의 네 가지 유형

첫째, 기획 보고입니다. 기획 보고는 여러 아이디어 중에 하나를 해결 방안으로 선택하고 그 아이디어를 업무로 진행하기 위한 유형입니다. 기획 보고의 종류에는 발생한 문제 또는 향후 업무 추진 시 발생할 수 있는 장애요인을 사전에 제거하는 개선 보고와 제안 보고, 공공기관의 새로운 과제를 시작하는 정책 보고 등이 있습니다. 정책 보고는 업무 보고라고도 합니다. 민간기업의 경우 사업 계획 보고가 정책 보고에 해당합니다.

둘째, 설명 보고입니다. 설명 보고는 결과를 보고하는 유형입니다. 이미 수행된 과제에 대한 결과를 설명하는 보고가 대표적입니다. 기획 보고에서 결정된 사항을 향후 어떤 방식으로, 누가, 언제까지 수행할 것인지 등에 대한 계획을 전달하는 보고도 설명 보고에 해당합니다. 또한 신규 및 기존 상품이나 서비스의 스펙이나 특장점을 설명하는 발표도 설명 보고입니다.

셋째, 분석 보고입니다. 우리 주변의 특정 현상이나 동향을 분석하는 보고, 특정 이슈나 실태 또는 트렌드, 우수 사례 등을 조사해 시사점을 얻는 보고 등이 분석 보고에 해당합니다.

넷째, 요청 보고입니다. 요청 보고에는 주어진 과제에 협업이 필요한 경우 다른 회사 또는 단위 조직이나 개인에게 업무 추진을 위해 필요한 정보나 자원을 요청하는 협조 보고, 검토 보고, 대응 보고 등이 해당됩니다.

이 책에서는 이와 같은 네 가지 유형에 따른 세부 유형을 12개로 정의하여 구분했습니다. 관점에 따라 이 유형은 달라질 수 있으며, 보고의 목적에 따라 내용 구성도 달라질 수 있습니다.

보고의 다섯 가지 패턴 살펴보기

보고의 3단 구성에서 본론의 내용 전개를 돕는 패턴 다섯 가지를 소개하겠습니다. 본론부의 내용 전개에 사용할 패턴은 시간 패턴, 단계 패턴, 논증 패턴, 분류 패턴, 비교 패턴입니다. 물론 이 외에 다른 패턴도 있을 수 있지만, 실제 보고에서 사용 빈도가 높은 다섯 가지를 선별한 것입니다.

첫째, 시간 패턴은 시계열 패턴이라고도 합니다. 날짜나 시간의 흐름에 맞춰 내용을 정리하는 방식입니다. 시간 패턴은 일일, 주간, 월간 단위 보고에 많이 사용됩니다. [과거 – 현재 – 미래]의 시제를 포함하거나 [이전 – 당시 – 사후]와 같이 특정한 시점을 기준으로 전후로 구분해 배치하고 전개합니다.

둘째, 단계 패턴은 큰 개념에서 작은 개념으로, 또는 작은 개념에서 큰 개념으로 내용을 전개하는 방식입니다. [대 – 중 – 소], [직군 – 직렬 – 직무], [회사 – 팀 – 개인], [한국 – 서울 – 마포]와 같이 큰 개념에서 점차 좁히며 구체화하거나 작은 개념에서 점차 넓히며 일반화하는 방식으로 접근합니다.

셋째, 논증 패턴은 논리 추론의 형태로 내용을 전개하는 방식입니다. 연역적 전개, 귀납적 전개, 변증법적 전개 등을 통해 결론을 입증합니다.

넷째, 분류 패턴은 보고에서 가장 많이 사용하는 패턴으로, 인과 관계가 성립되지 않고 비중이 엇비슷한 항목을 나열식으로 정리해 전개하는 방식입니다. 내용을 구성할 때는 보고자의 생각 대로 상대적 중요도가 높은 항목을 먼저 제시하는 방식을 활용합니다.

다섯째, 비교 패턴은 경쟁사의 유사한 제품이나 서비스를 비교해 장점 및 개선점을 뽑는 방식입니다. 특히 기획 보고나 분석 보고에 많이 활용됩니다.

시간 패턴	과거-현재-미래	지난 주-이번 주-다음 주
	이전-당시-사후	현재-단기-장기
단계 패턴 (구조 패턴)	대-중-소	한국-서울-마포(지리적)
	직군-직렬-직무	회사-팀-개인
논증 패턴 (인과 패턴)	대전제-소전제-결론	인간관계-예중-결론
	사실 1-사실 2-결론	정-반-합
분류 패턴 (정도 패턴)	항목 1-항목 2-항목 3	A-B-C
	첫째-둘째-셋째	
비교 패턴	As is-To be-시사점	긍정-부정-결론
	장점-단점-결론	찬성-반대-결론

▲ 다섯 가지 보고 패턴

사용 빈도가 가장 높은 이 다섯 가지 패턴을 이용해 보고를 구성하면 문제가 발생하지 않을 확률이 높습니다. 하지만 이 패턴들만 사용해야 하는 것은 아니며, 보고자의 의도에 따라 얼마든지 다양한 방식으로 구성할 수 있습니다. 정해진 패턴에만 맞추는 것보다는 보고 내용에 적합한 패턴 전개를 항상 고민하는 것이 바람직합니다. 이제 보고의 네 가지 분류별로 3단 구성과 다섯 가지 패턴을 활용해보겠습니다.

3단 구성을 통한
1분 보고 시작하기

보고 내용 전체를 100이라고 했을 때, 보고를 받은 상사나 고객이 이해하는 비율은 얼마나 될까요? 짧은 시간에 전달되는 온갖 통계와 숫자, 전문용어, 도해와 주석 등을 한번에 머릿속에 담기에는 무리일 것입니다. 미국 일리노이 대학교의 낸시 스캐널 (Nancy Scannell) 교수의 연구에 의하면 두 사람이 특정 주제로 대화할 때 말의 전달률은 약 70%라고 합니다. 서로 충분히 이해했다고 판단되는 상황에서도 30%의 내용은 전달되지 않는다는 것입니다. 그런데 내용을 이해하고 행동으로 옮겨야 하는 보고의 전달률은 대화의 전달률보다 높을까요? 그렇지 않을 것입니다. 보고를 듣는 사람은 보고 내용을 딱 한 번 듣습니다. 한 번 듣고 모든 것을 기억하기는 쉽지 않습니다. 또한 대화와 달리 짧은 시간에 많은 정보가 전달되기 때문에 그 내용을 모두 이해하거나 기억하지 못할 수 있습니다. 이것은 자연스러운 현상입니다. 그러므로 보고자는 자신이 정확히 전달했으니 모두 알아들었을 것이라고 생각하면 안 됩니다.

보고의 방법에는 왕도가 없습니다. 그러나 우리는 말의 전달률에서 한 가지 힌트를 얻을 수 있습니다. 바로 '반복'입니다. 기억하거나 이해해야 하는 중요 내용을 두 번, 세 번 들을 수 있게 한다면 전달률을 좀 더 높일 수 있습니다. '반복'을 보고 구조에 활용하면 다음과 같습니다.

> **3단 구성으로 1분 내에 보고한다.**

보고의 핵심 중 하나는 중요한 내용을 기억할 수 있도록 반복하고, 논리적이면서도 간결하게 전달하는 것입니다. 이와 같은 목적을 달성할 수 있도록 기억과 이해를 위해 완벽의 숫자 3을 활용하고, 간결한 전달을 위한 적절한 시간으로 1분을 선택했습니다. 3단 구성과 1분이라는 시간에 대해 좀 더 구체적으로 살펴보겠습니다.

3단 구성 살펴보기

그리스 로마 시대에 숫자 3은 'Perfect Number'로 일컬어졌습니다. 숫자 1은 악을 상징하고 숫자 2는 선을 상징했으며, 숫자 3은 1과 2를 더한 값으로, 선과 악을 아우른다고 하여 완벽의 숫자로 불렸습니다. 《도덕경》에서는 '일생이 이생삼 삼생만물(一生二 二生三 三生萬物)'이라 하여 3에 이르러 만물이 생겨난다고 하였습니다. 기독교의 삼위일체, 불교의 삼존불, 동양철학의 천지인을 보더라도 숫자 3은 아주 오래 전부터 우리의 의식 속에 완전한 숫자로 자리잡고 있음을 알 수 있습니다.

또한 3은 우리 주변에 많이 존재하는 가장 친근한 숫자이기도 합니다. 사진을 찍을 때 우리는 셋까지 셉니다. 승부를 내기 위해 많이 하는 '가위, 바위, 보'도 3으로 구성되어 있고 대개 세 판을 합니다. 올림픽에서는 3등까지 메달을 수여하고, 야구 경기에서는 3진 아웃이라 하여 세 번의 기회를 줍니다. 장례는 3일장을 치르고, 재판도 3심제입니다. 정부나 기업에서는 비전이나 목표를 세울 때 '3대 비전', '3대 정책과제' 등으로 이름 붙여 세 개를 선정하곤 합니다. 이 외에도 여러 곳에서 쉽게 찾아볼 수 있습니다.

논리적인 측면에서 숫자 3은 정보를 정리하거나 어떠한 주장을 할 때 근거를 제시하는 최소 단위로 생각하는 숫자입니다. 논리학의 기본인 삼단논법, 글의 기본 구조인 '서론, 본론, 결론'도 3으로 구성되어 있습니다.

[소주제 – 본론 – 요약]의 3단 화법

3을 활용한 구성은 스피치에도 많이 적용되어 있습니다. 3단 화법이 대표적인 예입니다. 대표적인 3단 화법은 [소주제 – 본론 – 요약(Outline – Details – Summary)]으로 구성되는 결론선행형 화법입니다. 스피치의 결론 또는 핵심 내용에서 출발해 상세 본론을 이야기하고, 다시 전체 결론이나 핵심 내용을 한 번 더 강조하는 전형적인 3단 구성이자 반복 화법입니다.

TV 뉴스의 진행 방식을 살펴보면 이를 더 쉽게 이해할 수 있습니다. 뉴스를 시작하는 시그널 음악이 끝나면 헤드라인 뉴스가 나옵니다. 오늘 어떤 뉴스를 다룰지 핵심을 간추려 보여주는 소주제(Outline)에 해당합니다. 다음으로 아나운서가 기자와 연결해 각 뉴스를 하나씩 상세하게 설명합니다. 본론(Details)에 해당합니다. 마지막으로 그날의 핵심 뉴스를 한 번 더 언급하면서 뉴스를 마무리합니다. 요약(Summary)에 해당합니다.

전 세계 대부분의 뉴스가 이처럼 [소주제 – 본론 – 요약] 화법으로 진행된다는 것은 그렇게 해야 그날 있었던 사건이나 이슈를 시청자가 정확하게 기억할 수 있음을 알고 있기 때문일 것입니다. 논리적인 내용을 구조적으로 설명할 수 있는 최고의 설득 화법이라 해도 과언이 아닙니다.

[예시 – 핵심 정리 – 혜택]의 3단 EOB 화법

이번에는 EOB 화법을 살펴보겠습니다. 90% 이상의 업무 상황 보고에서는 [소주제 – 본론 – 요약]의 결론선행형 화법을 사용해도 문제가 없을 것입니다. 그러나 논란의 여지가 있는 주제를 다루는 스피치나 프레젠테이션에서 결론부터 이야기하면 반대 의견을 가진 청중이나 고객이 공격적인 입장을 취할 수 있습니다. 이런 경우에는 근거가 되는 주변 사례나 공감을 얻을 수 있는 이야기에서 출발해 자연스럽게 동의를 이끌어 내는 것이 효과적입니다. 이런 흐름으로 전개하는 것이 EOB 화법입니다.

Example	예시
Outline	핵심 정리
Benefit	혜택/시사점

EOB 화법은 스토리텔링 형식의 이야기 전달 방식으로 다양한 상황에서 활용할 수 있습니다.

예시 : Example
라디오와 TV에서 같은 뉴스를 들었다면 어느 쪽이 더 생생하게 기억될까요? 아마도 대부분의 사람은 TV 뉴스를 선택할 것입니다. 라디오 뉴스는 귀로만 듣는 반면 TV 뉴스는 현장 영상이나 사진을 눈으로 보면서 듣기 때문입니다.

핵심 정리 : Outline
우리가 사용하는 발표 슬라이드는 TV 뉴스와 같아야 합니다. 귀뿐만 아니라 눈으로도 정보를 습득할 수 있도록 해야 합니다.

혜택 : Benefit

적절하게 시각화한 발표 슬라이드를 활용해 정보를 제공하면 귀와 함께 눈으로도 전달되므로 인지심리학자들의 연구 결과처럼 발표자의 이야기를 기억할 확률이 적어도 두 배 이상 높아집니다.

위와 같이 먼저 예시(Example)로 이야기를 시작합니다. 특히 본인의 이야기나 실제 일어난 일을 바탕으로 근거 있는 실례를 이야기하면 좋습니다. 핵심 정리(Outline)에서는 전달하고자 하는 핵심, 요점, 결론, 시사점을 들려줍니다. 예시를 통해 청중도 이미 어느 정도 파악하고 있을 것이므로 반복해서 전달하는 효과도 있습니다. 마지막으로 혜택(Benefit)을 전달합니다. 보고자가 제시하는 안을 실행하면 청중에게 어떤 이익이 있는지에 초점을 맞춰 이야기함으로써 공감을 얻습니다.

수평/수직의 3단 보고 구조

보고, 스피치, 프레젠테이션에서 최우선으로 생각해야 하는 것은 상사, 고객, 청중입니다. 그들이 내용을 하나라도 더 기억할 수 있는 최선의 스토리라인은 화법에서 결정될 수도 있습니다. 우리가 하려는 보고에도 동일하게 3단 구성 화법을 적용합니다. 좀 더 나아가 3을 수직 구조와 수평 구조에 적용해 3×3 구성을 만듭니다.

먼저 수직 구조는 보고의 핵심 내용을 반복하는 샌드위치 구조를 사용해 [답변 - 본론 - 요약] 순으로 전개하는 방식입니다. '답변'은 과제에 대한 답변으로, 핵심 내용 또는 핵심 메시지에 해당합니다. '본론'은 답변을 입증하는 근거나 세부 내용을 전달하는 파트입니다. '요약'은 답변과 동일한 내용으로, 중요 내용을 반복해 시작과 끝을 동일한 내용으로 끝내는 구조를 만듭니다.

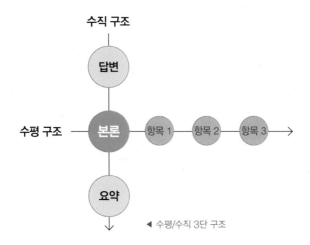

◀ 수평/수직 3단 구조

수평 구조는 본론 부분을 다시 3단으로 구성하는 방식입니다. 위 그림과 같이 [항목 1 – 항목 2 – 항목 3]의 3단으로 구성합니다. 예를 들어 상사나 고객의 지시사항을 질문으로 두고 그에 대한 답변이자 해결 방안을 What으로 본다면, 이유와 근거를 세 개로 구성해 보고할 수 있습니다. 또는 What을 수행하는 구체적인 실행 방안을 세 개로 구성할 수도 있습니다.

보고의 순서는 다음 그림과 같습니다. 먼저 상사나 고객의 질문에 대한 답변을 하고, 답변에 필요한 이유나 근거 또는 방법을 앞에서 제시한 다섯 가지 패턴 중 하나로 정리해 전달한 후 마지막으로 요약 정리를 하는 순서입니다.

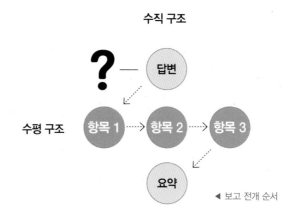

◀ 보고 전개 순서

1분 보고 살펴보기

SNS 서비스인 트위터(Twitter)의 성장에는 140자 제한이 큰 몫을 했다고 할 수 있습니다. 트위터 창립자 비즈 스톤(Biz Stone)은 140자 제한을 둔 이유에 대해 "창의력은 제약에서 피어납니다. 사람은 더 이상 물러설 수 없는 자리까지 밀려나면 기발한 아이디어를 내놓곤 합니다."라고 말합니다. 그는 트위터의 강점이 바로 이 글자 수 제한에서 나온다고 봤습니다. 단어 하나하나를 고심해서 적어야 하기 때문에 감각과 재치를 발휘하는 재미가 더해진다는 것입니다.

보고는 시간이 충분하지 않다는 점에서 트위터의 글자 수 제한과 맥락이 같습니다. 업무 상황에서는 상사나 고객이 내용을 충분히 이해할 만큼 설명할 시간이 주어지지 않습니다. 따라서 우리는 제한된 시간 내에 간결하게 전달할 수 있어야 합니다. 보고에서는 글자 수 제한보다는 시간 제한이 더 중요합니다. 스피치나 프레젠테이션, 보고는 시간 제한을 두고 실행하는 경우가 대다수이기 때문입니다.

요즘 기업 면접이나 자기 소개, TV 토론에서 많이 사용하는 제한 시간은 1분입니다. 프레젠테이션 교육에서도 1분 스피치를 가장 많이 연습합니다. 그런데 흥미롭게도 특정 주제를 주고 1분 스피치를 하면 시간을 채우는 교육생이 의외로 많지 않습니다. 1분은 과연 긴 시간일까요, 짧은 시간일까요?

1분 동안 할 수 있는 일에는 무엇이 있을까요? 신문 기사 한두 개 정도는 읽을 수 있을 것입니다. 1분 동안 식사를 마치는 사람도 있을 것입니다. '1분 내로 할 수 있는 건강 증진 방법', '1분 다이어트 방법', '심각성을 알리는 1분 신문고' 등의 광고 문구도 눈에 띕니다. 1분은 결코 짧은 시간이 아닙니다. 시계를 보지 않고 1분 동안 계속 웃어 보세요. 웃음을 마친 후에 시계를 보면 1분이 지나지 않았을 가능성이 큽니다. 요즘 드라마는 2부로 나눠서 방영하는데, 1부가 끝나고 2부가 시작되기 전에 1분 정도 광고가 나옵니다. 예능 프로그램에서는 진행자가 "1분 후에 계속됩니다."라며 광고 이후에 프로그램이 이어질 것을 알립니다. 이때 2부를 기다리는 시간이 길게 느껴지나요, 아니면 짧게 느껴지나요?

1분은 군더더기를 빼고 간결하게 내용을 전달할 수 있는 최적의 시간입니다. 1분 동안 자신의 생각을 제대로 전달하지 못하는 사람은 5분, 아니 그 이상의 시간을 줘도 달라지지 않습니다.

핵심을 전달할 수 있는 최적의 시간, 1분

미국 미시간 대학교 사회연구소 조세 벤키 교수팀의 연구에 의하면 1초에 약 3.5개의 단어를 말하는 것이 가장 적절한 속도라고 합니다. 한국어의 경우 1초에 2단어에 해당하며, 글자 수로는 대략 400~500자 정도입니다. 사람마다 다르겠지만 통상 A4 용지 반 장 정도의 내용이 적절합니다. 인터넷에서 볼 수 있는 짧은 기사의 평균 글자 수이기도 합니다.

1분 분량으로 보고 내용을 정리하는 것이 효과적인 이유는 사족을 줄일 수 있기 때문입니다. 핵심과 관련 없는 내용까지 포함시킬 만큼 시간이 충분하지 않은 것입니다. 또한 마지막에 가서야 결론이 나오도록 내용을 배치하면 안 됩니다. 보고 도중에 시간이 지나면 결론을 말하지도 못하고 마칠 수밖에 없습니다. 1분 내로 요약되지 않는 보고는 몇 시간을 늘어놓아도 전달되지 않습니다. 따라서 우리는 3단 구성으로 1분 내에 전달할 수 있는 보고 내용을 꾸미는 3.1 보고법에 집중해야 합니다.

보고 준비에 따른 5단계 프로세스

3.1 보고의 내용을 생각하고 정리하는 프로세스는 5단계로 접근합니다. 5단계 프로세스는 질문과 답변, 목차 구성, 메시지 도출, 패턴 선택, 스크립트 작성입니다.

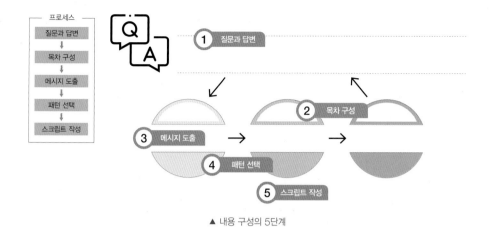

▲ 내용 구성의 5단계

1단계 : 질문과 답변

보고의 첫 단계는 과제를 정확하게 정의하는 것입니다. 지시 내용을 정확하게 파악하려면 지시를 질문으로 바꿔보는 것이 좋습니다. 지시를 질문(Question)으로 정리함으로써 핵심을 명확히 하고, 그 질문에 대한 짧은 답변(Short Answer)을 구성합니다. 이 답변이 보고의 핵심 내용이 됩니다.

2단계 : 목차 구성

목차는 내용의 흐름을 잡는 가장 기본적인 요소로, 보고자가 자유롭게 구성할 수 있습니다. 핵심 내용인 짧은 답변을 입증 또는 설명할 수 있도록 스토리라인을 만들어 목차로 정리합니다. 논리 항목(Item, Category)이라고도 하며, 논리적 전개의 기본 틀을 확보하는 단계입니다. 이때 3단 구성을 기본으로 활용하는 것이 좋습니다.

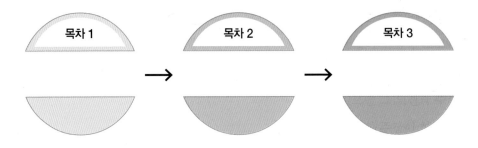

3단계 : 메시지 도출

리드 메시지(Lead Message)는 목차의 각 항목을 지배하는 메시지로, 서브 메시지 (Sub Message)에 해당합니다. 현상을 분석한 결과나 시사점, 문제의 가장 큰 원인, 해결 방안으로 제시하고자 하는 아이디어를 한두 줄의 짧은 문장으로 기술합니다. 각 항목의 리드 메시지를 모아 짧은 문장으로 정리한 것이 지배 메시지(Governing Message)라 해도 과언이 아닙니다[4].

각 목차별로 중요 내용을 요약해서 한 줄로 리드 메시지를 정리합니다. 짧은 답변과 함께 보고의 핵심이 되는 내용을 한 줄로 기술하는 것입니다.

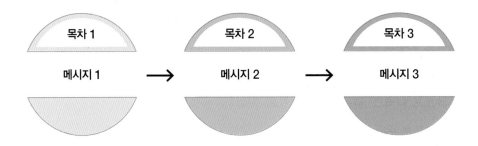

---

4) 이 책에서는 짧은 답변인 지배 메시지(Governing Message)와 보고를 거쳐 도출해야 하는 메시지, 즉 리드 메시지 (Lead Message)는 조작적 정의를 통해 정리합니다. 조작적 정의는 사물 또는 현상을 객관적이고 실험적으로 기술 하기 위한 정의로, 대개 절차적 순서와 수량화할 수 있는 내용으로 만들어집니다.

4단계 : 패턴 선택

다음은 내용을 전개할 패턴(Pattern)을 선택하는 단계입니다. 리드 메시지를 사실로 입증하기에 적합한 패턴을 선택합니다. 패턴은 상황에 맞춰 그때그때 선택하는 것으로, 앞에서 정리한 다섯 가지 패턴을 주로 활용합니다.

패턴은 MECE(Mutually Exclusive Collectively Exhaustive), 즉 상호 배제와 전체 포괄의 원리를 적용해 중복과 누락이 없도록 구성하는 것이 핵심입니다.

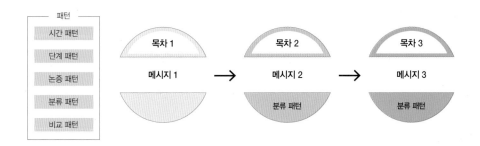

5단계 : 스크립트 작성

실제 보고 내용을 문장 형식의 보고 스크립트(Script)로 작성합니다. 스크립트를 만드는 것은 보고 내용을 정리하는 측면도 있지만, 보고 스킬을 적용하는 연습을 할 때도 도움이 됩니다. 대개 서술문 형태로 작성합니다.

다음은 필자가 스크립트를 작성할 때 사용하는 한 장 보고(One Page Report) 양식입니다. 양식을 활용하면 전체 구조를 한눈에 볼 수 있어 유용합니다.

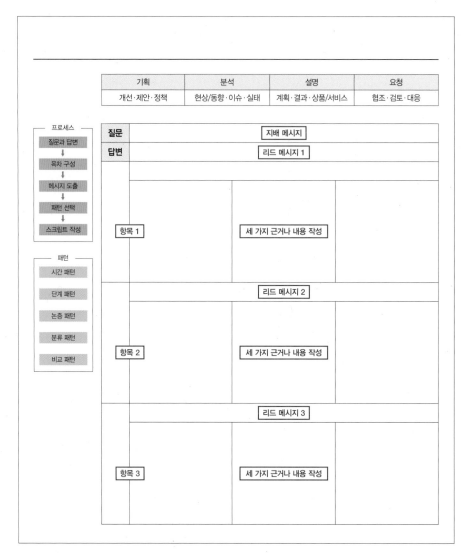

기획	분석	설명	요청
개선·제안·정책	현상/동향·이슈·실태	계획·결과·상품/서비스	협조·검토·대응

프로세스
질문과 답변
↓
목차 구성
↓
메시지 도출
↓
패턴 선택
↓
스크립트 작성

패턴
시간 패턴
단계 패턴
논증 패턴
분류 패턴
비교 패턴

질문 — 지배 메시지
답변 — 리드 메시지 1

항목 1 — 세 가지 근거나 내용 작성

리드 메시지 2

항목 2 — 세 가지 근거나 내용 작성

리드 메시지 3

항목 3 — 세 가지 근거나 내용 작성

▲ 한 장 보고 양식

다음 장부터는 이 5단계 프로세스를 활용해 3.1 보고법을 적용하는 방법을 소개합니다. 더 나아가 보고의 네 가지 유형에 맞추어 12개의 보고를 준비하는 과정을 통해 핵심을 정확하게 전달하는 보고 습관을 만들어보겠습니다.

기획 보고

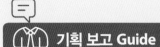
企劃

일을 꾀하여 계획함. 어떤 대상에 대해 그 대상의 변화를 가져올 목적을 확인하고, 그 목적을 성취하는 데에 가장 적합한 행동을 설계하는 것

企(꾀할 기) 劃(그을 획)

기획 보고는 비즈니스 업무 환경에서 제일 많이 다루는 보고 형식으로, 신사업 기획과 같이 새로운 일의 시작을 알리는 데 많이 활용됩니다.

그러나 새로운 계획을 발표하는 것만이 기획 보고는 아닙니다. 기획 보고는 우리가 갖고 있는 문제를 해결하는 내용을 주로 담습니다. "기획은 문제 해결이다."라는 말처럼 기획 보고의 90% 이상이 문제 해결과 관련되어 있습니다.

문제는 세 유형으로 분류할 수 있습니다. 첫 번째는 눈앞에 나타난 난관을 다루는 발생형 문제, 두 번째는 목표 수준을 올려 개선 기회를 모색하는 탐색형 문제, 세 번째는 지금까지 없었던 일을 새롭게 시작하는 설정형 문제입니다. 이와 같은 문제들을 해결할 수 있는 아이디어나 대안을 찾아내는 활동이 기획이고, 그 내용을 전달하는 것이 기획 보고입니다.

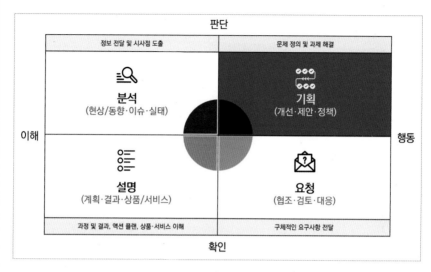

▲ 기획 보고

기획 보고의 목적은 의사결정입니다. 따라서 전형적인 설득형 구조로 구성됩니다. 주장과 근거의 관계를 논리적으로 연결하는 것이 핵심입니다. 다른 대안보다 보고자가 제시하는 대안이 효율적인 이유를 설명하는 것도 잊어서는 안 됩니다.

여기서는 기획 보고를 다시 세 가지로 구분해 접근할 것입니다. 제안 보고, 개선 보고, 정책 또는 업무 보고입니다. 제안 보고는 없었던 일을 새롭게 시작하는 것이며, 개선 보고는 하던 일을 더 잘 하기 위한 것, 정책 보고는 정부의 정책과 민간의 업무 계획을 포함하는 보고로 정의할 수 있습니다.

기획 보고의 사례를 하나씩 살펴보겠습니다.

의견을 제시하는 제안 보고

: 목적과 해결책이 드러나야 한다

제안의 정의를 사전에서 찾아보면 '안이나 의견으로 내놓음'입니다. 말 그대로 자신이 가진 과제에 대한 생각을 정리해 제시하는 것입니다. 비즈니스는 물론이고 일상생활에서도 제안을 해야 하는 상황이 많습니다. "오늘은 비가 오니까 파전 어때?", "저희가 진행하는 사업에 투자할 것을 고려해주십시오." 등이 모두 제안입니다.

제안은 보고자가 생각한 아이디어를 의도적으로 관철시키는 활동입니다. 제안을 한다고 해서 무조건 통과되는 것이 아닙니다. 그러므로 제안을 받는 사람이 수많은 아이디어 중에 보고자의 아이디어를 선택하는 의사결정을 할 수 있도록 적절하고 명확한 논거를 제시하는 것이 중요합니다.

간단한 업무 지시의 예를 들어 설명하겠습니다. 다음은 월간 업무 회의에 참여했던 팀장이 팀원에게 제안 보고를 지시하는 내용입니다.

업무 지시

사장님께서 월간 업무 회의에서 최근 우리 회사 구성원의 건강 상태가 염려된다
시며 구성원의 건강 증진을 위해 운동을 할 수 있도록 독려했으면 좋겠다고 말씀
하셨습니다. 아울러 팀별로 적합한 운동을 제안하라고 지시하셨습니다. 직장인
의 건강 문제가 우리 회사에 국한된 문제는 아닐 것입니다. 김대리는 우리 구성
원의 건강 유지를 위해 할 수 있는 적합한 운동을 찾아보세요. 3일 후 목요일에
사장님께 보고를 드려야 합니다. 우선 수요일 오후에 중간 점검할 수 있도록 준
비해주세요.

지시문에는 간략하지만 '구성원의 건강 증진'이라는 과제 수행 목적이 명시되어 있고,
과제의 범위도 '운동에 대한 아이디어 제시'로 명확하게 설정되어 있습니다. 따라서 어
떤 운동이 좋은지 아이디어를 제시하고 여러 운동 중에 보고자가 제안하는 운동이 다
른 운동에 비해 좋은 점을 논거로 제기하는 것이 과제 해결의 핵심입니다.

보고 내용을 생각하고 정리하기 위해 5단계 프로세스로 접근하겠습니다. 다시 강조하
자면, 보고를 준비하는 데는 왕도가 없습니다. 이 프로세스를 무조건 적용하라는 것
은 아닙니다. 생각을 정리하는 습관이 만들어지면 각자에게 맞는 정리 프로세스가 만
들어집니다. 자신에게 잘 맞는 프로세스를 확립하기 전까지는 5단계 프로세스를 활
용할 것을 추천합니다.

Step 1. 지시자의 의도를 제대로 정의하는 질문과 답변 정리하기

보고에서 가장 중요한 것은 과제의 정의입니다. 지시가 무엇인지 정확하게 파악하는
것은 엉뚱하게 일이 진행되는 것을 막는 첫걸음입니다. 지시 내용을 정확하게 파악
할 수 있도록 지시를 질문으로 바꿔봅니다. 업무 지시의 핵심을 질문으로 정리하는

것은 보고의 핵심을 명확히 하는 절차입니다. 이어서 그 질문에 대한 짧은 답변을 구성합니다.

업무 지시의 내용을 질문 형태로 정리해보겠습니다. 상사의 지시에 '구성원의 건강 증진'이라는 목적이 있고, 보고자가 제시할 아이디어, 즉 과제의 범위는 '적합한 운동의 추천'입니다. 따라서 과제를 목적을 포함한 질문으로 바꾸면 "우리 회사 구성원의 건강 증진을 위해 적합한 운동은 무엇인가?"로 정리할 수 있습니다.

이제 질문에 대한 짧은 답변을 해봅니다. 짧은 답변은 이 보고의 핵심으로, 지배 메시지(Governing Message)라고 합니다. 짧은 답변은 현상을 분석하는 과정에서 언제든 수정할 수 있습니다. 다만 답변을 먼저 만들어보면 이것저것 검토하면서 시간을 낭비할 확률이 줄고 초점을 분명히 해 목적지향적으로 검색할 수 있습니다. 그러나 바로 아이디어가 떠오르지 않는다면 빈칸으로 두고 모든 내용을 구성한 후 마지막에 작성해도 됩니다.

우리 회사 구성원의 건강 증진을 위해 적합한 운동은 무엇인가?

일상에서 어디서든 쉽게 할 수 있는 '유산소 건강 운동 10 함께 하기'를 통해 임직원의 운동하는 습관을 만든다.

"일상에서 어디서든 쉽게 할 수 있는 '유산소 건강 운동 10 함께 하기'를 통해 임직원의 운동하는 습관을 만든다."라는 짧은 답변을 기술했습니다. 대략적으로 어떤 의미인지 파악할 수 있을 것입니다.

이와 같이 과제를 분석하는 단계가 필요합니다. 또한 그 과제에 자신이 제시할 수 있는 아이디어를 가설 형태로 기술해보고 보고의 초점을 유지하는 것이 중요합니다.

Step 2. 문제 해결이 드러나는 목차 구성하기

목차는 보고서에서만 작성하는 것이 아닙니다. 구두 보고를 할 때도 목차가 필요합니다. 목차는 내용이 전개되는 흐름을 잡는 가장 기본적인 요소입니다. 기획 형태의 보고에서는 문제 해결 프로세스를 많이 사용하지만, 얼마든지 변형할 수 있습니다. 목차는 보고자의 판단에 따라 자유롭게 구성할 수 있으며, 1분 보고의 경우 짧은 시간에 전달해야 하는 특성을 고려해 세 개 이하로 구성해봅니다.

적합한 운동을 추천하는 3단 구성을 해보겠습니다. 머릿속에 떠오른 3단 구성이 있다면 아래에 적어봅니다.

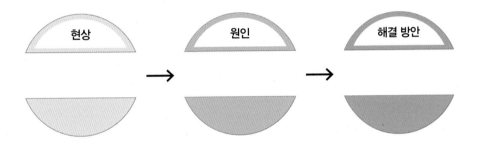

앞에서 설명한 것처럼 기획 과제는 대부분 문제 해결 프로세스로 전개하면 됩니다. 문제 해결 프로세스는 일반적으로 [문제(현상) – 원인 – 해결 방안 – 실행 계획] 순으로 구성합니다.

우선 직장인이나 우리 회사 구성원이 실제 운동을 하고 있는지를 현상으로 기술하고, 문제가 무엇인지 살펴봅니다. 다음으로 어떤 이유 때문에 이와 같은 문제가 발생하는지 살펴보고, 그에 따른 대안과 세부적인 실행 계획을 수립합니다. 생각을 구조화할 수 있는 방법이 있다면 문제 해결 프로세스 외에 다른 전개를 사용해도 됩니다.

Step 3. 논점이 이어지는 리드 메시지 도출하기

목차의 항목별 리드 메시지를 한두 줄의 짧은 문장으로 작성합니다. 리드 메시지는 목차의 각 항목을 설명하는 내용으로, 분석 결과나 시사점, 문제의 원인, 해결 방안을 기술합니다.

리드 메시지도 먼저 가설 형태로 작성할 수 있습니다. 이후에 사실을 조사하면서 증명할 수 있고, 명확한 사실적 근거가 없다면 수정할 수도 있기 때문입니다. 그러나 보고의 구조와 내용을 구성하는 것은 생각이 정리되고 근거를 확인한 이후의 작업이기 때문에 반복적으로 수정해야 하는 일이 발생하지 않도록 신중하게 기술합니다.

[현상 – 원인 – 해결 방안]에 맞게 항목별로 리드 메시지를 정리하면 다음과 같습니다.

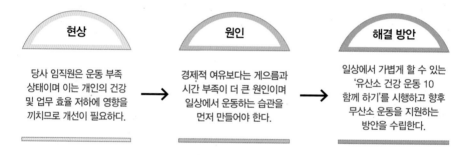

리드 메시지를 작성한 후에 연결해서 읽어봅니다. 각각의 리드 메시지가 꼬리에 꼬리를 물며 이어진다면 잘 작성된 것입니다. 메시지 간의 연결이 되지 않는다면 리드 메시지를 수정해서 흐름이 논리적으로 이어지도록 합니다.

Step 4. [현상 – 원인 – 해결 방안]의 3단계 패턴 선택하기

리드 메시지는 보고자의 생각을 정리한 것이므로 이를 사실로 입증하는 과정이 필요합니다. 다시 말하면 근거를 들어 납득이 되도록 설명하는 과정입니다. 이에 적합한 패턴을 선택합니다.

앞에서 설명했듯이 패턴은 MECE의 원리를 적용해 중복과 누락이 없도록 전개해야 합니다. 그러나 모든 내용을 MECE하게 작성하기는 쉽지 않습니다. 보고자의 의도에 따라 MECE하지 않게 구성해도 문제될 것은 없습니다.

[현상 – 원인 – 해결 방안]에서 각 근거의 전개를 분류 패턴으로 구성해봤습니다. '현상'에서는 외부 직장인과 내부 직장인으로 MECE하게 분석하고 여기에 전문가의 의견을 추가했습니다. 이처럼 보고자의 생각에 따라 MECE 이외의 분류를 활용할 수도 있습니다. '원인'은 근무 중과 근무 외의 분류 패턴으로, '해결 방안'은 출근 시, 근무 중, 퇴근 후의 시간 패턴으로 분석 내용을 MECE하게 정리했습니다.

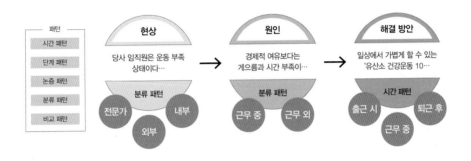

Step 5. 1분 보고 스크립트 작성하기

5단계에서는 제안 보고 내용을 작성합니다. 실제 제안 보고 스크립트를 작성해보겠습니다.

먼저 4단계까지 정리한 결과를 토대로 보고 내용을 한 장 보고 형식의 스크립트로 작성합니다. 한 장 보고는 보고서의 핵심이 되는 내용을 정리한 것입니다. 이를 기반으로 하면 논리적인 보고서를 작성하는 데 큰 도움이 됩니다.

'유산소 건강 운동 10 함께 하기'를 통한 임직원 건강 증진 방안

기획	분석	설명	요청
개선·제안·정책	현상/동향·이슈·실태	계획·결과·상품/서비스	협조·검토·대응

프로세스

- 질문과 답변
- 목차 구성
- 메시지 도출
- 패턴 선택
- 스크립트 작성

패턴

- 시간 패턴
- 단계 패턴
- 논증 패턴
- 분류 패턴
- 비교 패턴

질문	우리 회사 구성원의 건강 증진을 위해 적합한 운동은 무엇인가?
답변	일상에서 어디서든 쉽게 할 수 있는 '유산소 건강 운동 10 함께 하기'를 통해 임직원의 운동하는 습관을 만든다.
항목 1	당사 임직원은 운동 부족 상태이며 이는 개인의 건강 및 업무 효율 저하에 영향을 끼치므로 개선이 필요하다.

현상	전문가	외부	내부
	건강진흥청 연구 결과에 의하면 직장인의 운동 부족이 체력 저하로 이어져 업무 집중도 하락과 질병의 원인이 되고 있어 하루 30분 이상의 건강 운동이 필요하다. 운동 부족 상태 : 일주일에 무산소 운동(근력 운동) 20분 이상 3회, 유산소 운동 30분 이상 3회를 만족시키지 못한 상태(문화체육관광부 권장사항)	OO기관 직장인 설문조사 (5,000명)에 의하면 운동 부족을 공감하는 직장인이 94%였고 운동을 결심한 비율도 96%나 되지만 실제 운동을 하는 직장인은 7%밖에 되지 않는다.	임직원 설문 결과 응답자 중 82%가 전혀 운동을 하지 않아 무기력증, 스트레스 및 각종 질병에 노출되어 있다.

항목 2	경제적 여유보다는 게으름과 시간 부족이 더 큰 원인이며 일상에서 운동하는 습관을 먼저 만들어야 한다.

원인	근무 중	근무 후	
	업무가 바쁘고 시간적 여유가 없어 운동을 하지 못한다.	경제적 여유가 부족하여 운동을 하지 못한다. 게으름 때문에 운동을 하지 못한다.	

항목 3	일상에서 가볍게 할 수 있는 '유산소 건강 운동 10 함께 하기'를 시행하고 향후 무산소 운동을 지원하는 방안을 수립한다.

해결 방안	출근 시	근무 중	퇴근 후
	구두보다는 운동화를 신고 출근한다. 기상 후 스트레칭으로 근육을 푼다. 빠른 걸음으로 버스·지하철역으로 이동한다. 지하철을 기다리며 발꿈치로 근육을 단련한다.	회사에서 엘리베이터 대신 계단을 이용한다. 점심은 가급적 멀리 걸어가서 먹는다. 식사 후 햇볕을 쬐며 10분 간 산책한다. 사내에서 스트레칭을 자주 해 긴장을 푼다.	퇴근 때는 한두 정거장 전에 내려서 걷는다. 보폭을 넓게 하고 빠르게 걷는다.

우리 회사 임직원의/건강 증진을 위해 유산소 건강 운동 10 함께 하기를 제안합니다. 유산소 건강 운동은/일상에서 어디서든 쉽게 할 수 있고, 임직원의 게으름을 없애고 운동하는 습관을 만들 수 있습니다.

(현상) 당사 임직원의/운동 실태 조사 결과 82%가 전혀 운동을 하고 있지 않습니다. 이는 다른 회사도 마찬가지였습니다.

이와 같은 직장인의 운동 부족 현상은/결국 체력 저하로 이어져 업무 집중도 하락과 질병 발생의 원인이 되고 있습니다. 따라서 운동 부족 현상은 반드시 개선되어야 합니다.

(원인) 임직원이/운동을 하지 않는 이유는 경제적 이유보다는 게으름과 시간 부족이 더 큰 원인이었습니다.

(해결 방안) 그렇기 때문에 일상생활에서/운동하는 습관을 먼저 만드는 것이 중요합니다.

이를 위해 출근 시, 근무 중, 퇴근 후 일상에서 가볍게 할 수 있는 '유산소 건강 운동 10 함께 하기' 시행을 통해/운동하는 습관을 만들고자 합니다. 열 가지 건강 운동의 세부 내용은/따로 문서로 보고하겠습니다. 또한 임직원의/운동 습관이 형성되면 향후 무산소 운동을 지원하는 방안을 수립하겠습니다.

이상으로/임직원 건강 증진을 위한 유산소 건강 운동 활성화 방안 보고를 마치겠습니다.

해결안을 제시하는 개선 보고
: 문제의 원인과 해결안이 드러나야 한다

사전에서는 개선을 '잘못된 것이나 부족한 것, 나쁜 것 따위를 고쳐 더 좋게 만듦'으로 정의하고 있습니다. 제안과 개선은 문제를 해결한다는 측면에서 공통점이 있습니다. 따라서 개선 보고와 제안 보고는 그 형태가 크게 다르지 않습니다. 비즈니스 관점에서 개선은 '수행하는 업무를 보다 편하게 바꾸는 활동'으로 정의할 수 있습니다. 업무를 수행하는 과정에서 절차, 방식, 양식 등을 효율적으로 변경하는 활동입니다. 즉, 이미 하고 있는 일에서 변화를 추구하는 것입니다. 업무 중심의 변화는 개인적인 측면에서 끝나는 경우도 있지만 전사적인 측면에서도 가능합니다. 전사적인 측면에서 적용할 수 있는 아이디어를 기반으로 한다면 제안이라는 정의가 더 어울릴 것입니다. 이 책에서는 개선 보고를 제안 보고와 구분해서 설명하고 있지만, 큰 틀에서 기획, 문제 해결 관점으로 통합해서 과제를 바라보는 것도 좋을 것입니다. 업무 지시문부터 살펴보겠습니다.

업무 지시

최근 주 52시간 근무제 등이 시행되면서 효율적인 업무 환경 구축이 화두가 되었습니다. 외부 환경의 급격한 변화에 적응하고 대응하기 위한 자발적 노력이 필요한 상황입니다. 따라서 많은 조직에서 시행하고 하고 있는 스마트워크를 도입하고자 합니다. 이를 계기로 우리 현업의 업무 환경을 되돌아보고, 일하는 방식의 변화 요소를 적극적으로 찾아내 개선하려 합니다. 내·외부 리소스를 활용해 회사·개인 차원의 스마트워크 방안을 제시해주시기 바랍니다.

Step 1. 키워드를 연결해 질문과 답변 구성하기

위 예시는 대표이사 또는 기관장의 공식적인 업무 지시입니다. 업무 지시에서 과제의 배경과 범위를 파악할 수 있습니다. 제안 보고와 같이 먼저 질문을 통해 과제를 정리합니다. 질문을 작성하는 방법과 질문 내용에 정답이 있는 것은 아닙니다. 머릿속의 생각을 정리하기에 적절하면 됩니다. 다음 질문란에 여러분이 생각하는 질문을 작성해봅니다.

질문을 작성하기 위해 키워드를 뽑아보겠습니다. 업무 지시를 보면, '효율적인 업무 환경 구축', '개선', '일하는 방식의 변화'를 '스마트워크'와 연관 지어 정리하고 있습니다. 이 키워드들을 연결해 질문을 만듭니다.

우리 회사의 업무 환경이나 일하는 방식을 개선할 수 있는 스마트워크 방안은 무엇인가?

회사의 업무 환경이나 일하는 방식을 개선하는 것이 과제의 목적이고, 스마트워크를 적용하는 것이 과제의 범위입니다. 이 과제에는 구체적인 방법을 제시하는 것이 필요합니다.

다음으로 짧은 답변인 지배 메시지를 생각합니다. 이 과제에서는 보고자가 스마트워크의 개념을 정확하게 이해하지 못한 상태라고 가정하고 보고를 준비해보겠습니다. 개념이 명확하지 않은 상태이므로 지배 메시지는 내용을 정리한 후에 최종적으로 작성하기로 합니다.

Step 2. 문제 해결이 드러나는 목차 구성하기

개선 과제 또한 전형적인 문제 해결 과제입니다. 따라서 문제 해결의 기본 프로세스를 활용해 목차를 구성하는 것이 필요합니다. 그러나 앞에서 언급한 것처럼 보고자가 스마트워크의 개념을 잘 모르는 상태이므로 인터넷 검색 등을 통해 스마트워크에 대해 이해하는 것이 먼저입니다. 그런데 개념을 이해하는 과정에서 스마트워크와 비슷한 워크스마트라는 개념이 있음을 알게 되었다고 합시다. 그렇다면 이를 먼저 정리한 후에 문제 해결 프로세스를 목차에 적용하는 것이 좋을 것입니다.

'정의'는 공통 요소이고, '현상 분석'과 '해결 방안'은 이어지는 요소이므로 다음 그림과 같이 화살표로 연결합니다.

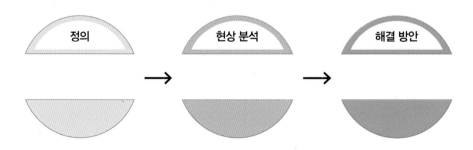

Step 3. 공통점과 차이점을 리드 메시지로 도출하기

다음으로 목차의 각 항목에 맞는 리드 메시지를 작성합니다. '정의'를 목차의 항목으로 놓은 이유는 스마트워크보다는 워크스마트가 현재 보고해야 할 과제에 적합함을 알리기 위해서입니다. 따라서 스마트워크와 워크스마트의 공통점과 차이점을 리드 메시지로 정리합니다.

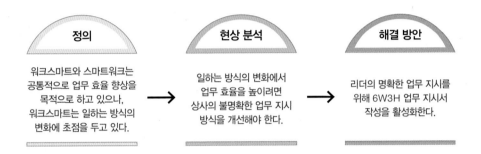

'현상 분석'의 리드 메시지는 '업무 효율 증대'라는 목적 아래에서 일하는 방식을 바라봤을 때 파악한 문제와 원인을 통합한 항목입니다. '현상 분석'은 엄밀하게 구분하면 [내·외부 현상 – 문제 – 원인]으로 나눌 수 있습니다. 3단으로 구성하기 위해 '현상 분석'으로 통합한 것이므로 리드 메시지와 사실 근거를 연결할 때 이 관점을 유지해야 합니다.

Step 4. [정의 – 현상 분석 – 해결 방안]의 3단계 패턴 선택하기

'정의' 항목에서는 스마트워크와 워크스마트의 개념을 비교하고 있으므로 비교 패턴을 활용하기로 합니다. '현상 분석'은 외부 조직과 내부 조직의 MECE 구분에 정부의 추진 방향을 포함하는 분류 패턴으로 전개합니다. 마지막으로 '해결 방안'은 [추진 전략 – 수행 과제 – 실행 계획]으로 구성하기로 합니다. 이는 업무의 전개 프로세스로 볼 수 있으므로 단계 패턴으로 구분할 수 있습니다.

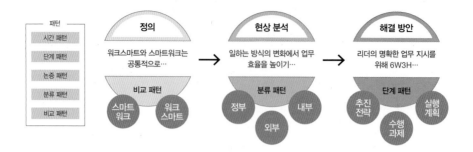

3단 스피치의 구조를 만든다고 하여 모든 요소를 반드시 세 개로 구성해야 하는 것은 아닙니다. 세 개보다 적을 수도 있고 많을 수도 있습니다. 세 개의 구성을 사용하는 이유는 중요도가 떨어지는 내용은 버리고, 분류와 정리를 통해 논리적인 구성을 하기 위해서입니다. 또한 정의 항목과 같이 두 개로 구성해도 무방합니다. 오히려 두 개로 정리할 수 있는 내용을 억지로 세 개로 늘리면 불필요한 구성이 될 것입니다.

여기까지 정리했다면 지배 메시지를 정확하게 작성할 수 있을 것입니다.

우리 회사의 업무 환경이나 일하는 방식을 개선할 수 있는 스마트워크 방안은 무엇인가?

6W3H 업무 지시서 작성을 통해 리더의 불명확한 업무 지시 방식을 개선하고 업무 효율을 향상(워크스마트)시킨다.

수행 과제에 나타난 것처럼 명확한 업무 지시를 위한 '업무 지시서 작성'이 질문에 대한 구체적인 답입니다. 이를 통해 '업무 효율 향상'이라는 목적을 달성하는 것이 과제의 배경이므로 함께 표현하여 작성했습니다. 이번 개선 과제를 한 장 보고로 정리하면 다음과 같습니다.

업무 효율 향상을 위한 업무 지시서 작성 방안

기획	분석	설명	요청
개선·제안·정책	현상/동향·이슈·실태	계획·결과·상품/서비스	협조·검토·대응

프로세스
- 질문과 답변
- 목차 구성
- 메시지 도출
- 패턴 선택
- 스크립트 작성

패턴
- 시간 패턴
- 단계 패턴
- 논증 패턴
- 분류 패턴
- 비교 패턴

질문	우리 회사의 업무 환경이나 일하는 방식을 개선할 수 있는 스마트워크 방안은 무엇인가?		
답변	6W3H 업무 지시서 작성을 통해 리더의 불명확한 업무 지시 방식을 개선하고 업무 효율을 향상(워크스마트)시킨다.		
항목 1	워크스마트와 스마트워크는 공통적으로 업무 효율 향상을 목적으로 하고 있으나, 워크스마트는 일하는 방식의 변화에 초점을 두고 있다.		
정의	**스마트워크** 스마트워크는 종래의 사무실 개념을 탈피하여 언제 어디서나(Anytime, Anywhere) 편리하게 효율적으로 업무에 종사할 수 있도록 하는 미래지향적인 업무 환경을 구축하는 것을 의미한다.	**워크스마트** 워크스마트는 일하는 방식에서 획기적인 시간 단축 및 업무 효율성을 목표로 하며 단순히 열심히 일하는 것이 아닌 똑똑하게 일하는 것을 의미한다.	**시사점** 공통점 : 업무 효율 향상을 목적으로 한다. 차이점 : 스마트워크는 물리적 환경 구축에, 워크스마트는 일하는 방식의 변화에 초점을 두고 있다.
항목 2	일하는 방식의 변화에서 업무 효율을 높이려면 상사의 불명확한 업무 지시 방식을 개선해야 한다.		
현상 분석	**정부** 고용노동부 근무 혁신 10대 제안에서는 명확한 업무 지시를 일하는 방식 변화의 주요 방안으로 제시하고 있다.	**외부** 직장인들이 생각하는 업무 효율성 저해 요소는 상사의 불명확한 업무의 목적과 전략, 업무 지시에 배경과 내용을 명확히 설명하지 못하는 데 있다고 응답했다. (출처 : 업무 방식 실태 조사, 대한상공회의소, 2018. 10(4,000명 대상))	**내부** 임직원 설문 결과에서도 불명확한 업무 지시는 문제로 제시되고 있으며 업무 목적, 업무 범위, 마감시간 등 구체성이 떨어지는 것이 불만족의 원인으로 조사되었다.
항목 3	리더의 명확한 업무 지시를 위해 6W3H 업무 지시서 작성을 활성화한다.		
해결 방안	**추진 전략** 업무 지시(Task Assign) BOSS 전략 ·Background : 배경 설명 ·Objectives : 완성물 형태 ·Scope : 업무 수행 범위 ·Schedule : 마감 시한	**수행 과제** 6W3H를 활용해 리더가 명확하게 업무 방향을 정하고 그에 따른 구체적인 업무 지시를 할 수 있도록 업무 지시서를 작성·활용한다.	**실행 계획** 업무 지시서 활용을 위해 임직원 개선 의견을 청취하고 수정·보완을 거쳐 최종 실행한다.

다음은 '업무 효율 향상을 위한 업무 지시서 작성 방안'이라는 제목의 프레젠테이션 문서입니다. 한 장 보고의 내용은 구체적인 보고서에서 다음과 같이 전개할 수 있습니다.

워크스마트: 일하는 방식의 변화 ———————————————

업무효율 향상을 위한 업무지시서 작성 방안

———————————————————————

개념 정의   업무효율 향상을 위한 업무지시서 작성방안

워크스마트와 스마트워크의 정의 및 추진단계의 공통점은 업무효율 향상을 목적으로 하고 있으며 워크스마트의 특징은 공간, 시간 중심의 스마트워크의 강점 요소보다 일하는 방식에 변화에 초점을 두고 있음

——— 워크스마트 정의 ———

조직의 가치와 비전에 기반하여 기존의 관행과 고정관념에서 탈피하고 업무 선진화/과학화를 달성하여 장기적인 관점에서 일하는 방식의 근본적인 변화를 끌어내어 개인과 조직 업무를 효과적으로 실행한다. 일반적으로 워크스마트는 일하는 방식에서 획기적인 시간 단축 및 업무효율성을 목표로하며 단순히 열심히 일하는 것이 아닌 똑똑하게 일하는 것을 의미한다.

— 네이버

——— 스마트워크 정의 ———

종래의 사무실 개념을 탈피하여, 언제 어디서나(Anytime, Anywhere) 편리하게 효율적으로 업무에 종사할 수 있도록 하는 미래지향적인 업무환경으로서 과거의 하드워크(Hard Work)와 대비된다.
스마트 워크는 집에서 업무를 보는 재택 근무, 쌍방향 통신의 영향으로 인한 휴대 기기를 활용하여 외부에서 일하는 모바일 오피스, 그리고 집이나 업무 현장과 가까운 곳에 위치한 스마트 워크플레이스(Smart Workplace, SWP)의 세 가지 새로운 업무 형태를 포괄하는 개념이다

— 위키백과

——— 워크스마트 추진단계 ———

——— 스마트워크 추진단계 ———

현상 분석

일하는 방식의 변화에서 업무 효율을 높이기 위해서는 상사의 불명확한 업무지시 방식을 개선하는 것이 필요하며 고용노동부 또한 명확한 업무지시를 근무혁신의 주요 방안으로 제시하고 있음

직장인 업무방식 조사

직장인들이 생각하는 업무 효율성 저해요소는 상사의 불명확한 업무의 목적과 전략, 업무지시에 배경과 내용을 명확히 설명하지 못하는데 있다고 응답함

- 직장인들은 업무방식 종합점수 → **45점(100점 만점)**

100점 만점

업무 방향성
30점

지시 명확성
39점

- 직장인들은 국내 기업의 업무방식을 생각할 때 떠올리는 단어?

→ 삽질·비효율·노비 (86%)

출처: 업무 방식 실태 조사, 대한상공회의소, 2018.10 (4,000명 대상)

근무혁신 10대 제안

고용노동부에서 워라밸 실천 제안에서는 일하는 방식의 변화 3요소 중 명확한 업무지시의 중요성을 강조하고 있음

출처: 고용노동부, 일생활균형 실천을 위한 근무혁신 10대 제안

현상 분석

불명확한 업무지시는 내부 임직원 의견조사에서도 문제로 제시되고 있으며 업무목적, 업무범위, 마감시간 등의 대한 구체성이 떨어지는 것이 불만족의 원인으로 조사됨

업무지시에 대한 의견

임직원은 상사의 의중을 제대로 파악하지 못해 불필요한 업무시간을 허비한 경험이 있다고 응답함

- 상사의 업무지시에 대한 불만족 경험

75%

- 불명확한 지시에 의한 보고서 수정 경험

63%

- 임직원 10명 중 6명(60%)이 업무지시를 한 상사의 의중을 파악하기 위한 별도의 회의를 해보았다고 응답하기도 함

출처: 임직원 의견 조사, 2019.8

업무지시에 대한 불만

명확하게 업무 방향을 정하고 그에 따른 업무 지시를 내리는 것, 더 나아가 업무에 의미를 부여하고 전체적인 전략을 세우는 것은 리더의 역할임

구체적인 업무의 방향을 알려주지 않고 알아서 하라고 한다.	85%
왜(Why) 이 일을 해야 하는지 설명하지 않는다.	70%
준비할 시간을 주지 않고 빨리 가져오라고만 한다.	60%
구체적인 업무의 범위와 기대결과를 제시하지 못한다.	54%

출처: 임직원 의견 조사, 2019.8

해결 방안

리더의 명확한 업무지시를 위해 BOSS 업무지시 전략을 활용할 것을 제안함. BOSS 업무지시 전략을 실현하기 위한 세부 요소로 6W 3H를 활용하여 리더가 명확하게 업무 방향을 정하고 그에 따른 구체적인 업무 지시를 할 수 있도록 업무지시서를 작성·활용함

추진 전략: B.O.S.S. work order

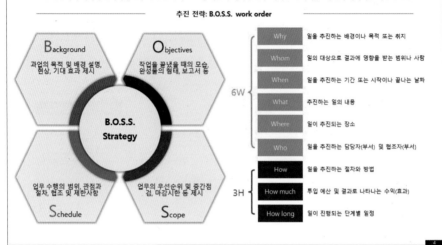

해결 방안

6W 3H 요소를 활용하여 업무지시서를 아래와 같이 제안함

구분	세부 내용		
What	과제 명?	Who	주관?
Why/What	궁극적으로 무엇을 위한(목적/취지) 일인가?		
	업무가 추진된 배경이 있다면?		
	업무수행을 통한 Output(산출물, 성과)는?		
Whom	업무 의뢰자는?		
	고객은?		
	기타 이해관계자는?		
How	진행절차와 방법은?		
	제약요건은?		
When	D-Day(작업일자, 중간완료/보고, 최종완료/보고)		
How Long	업무수행 기간은?		
Where	장소는?		
How Much	예산 범위는?		

실행 계획

업무지시서 활용을 위해 임직원 개선 의견을 청취하고 수정·보완을 거쳐 최종 실행하고자 함

구분	세부 실행내용 (How to)	추진일정				담당자
		○○월1주차	○○월2주차	○○월3주차	○○월4주차	
1	임직원 의견 수렴	⟶				○○○
2	리더 워크숍(설명회)		⟶			○○○
3	수정·보완			⟶		○○○
4	운영방식 결정			⟶		
5	대표이사 보고				⟶	○○○
6	개선안 실행				⟶	○○○

Step 5. 1분 보고 스크립트 작성하기

보고서 내용을 참조해 보고 스크립트를 구성합니다.

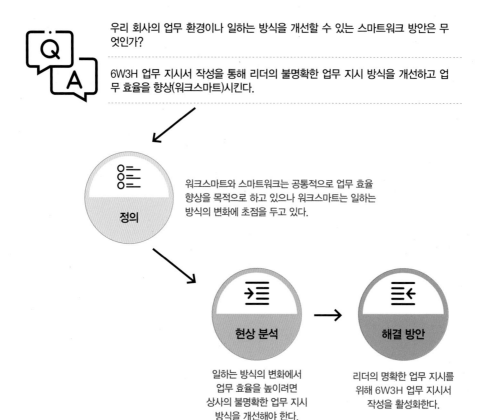

우리 회사의 업무 환경이나 일하는 방식을 개선할 수 있는 스마트워크 방안은 무엇인가?

6W3H 업무 지시서 작성을 통해 리더의 불명확한 업무 지시 방식을 개선하고 업무 효율을 향상(워크스마트)시킨다.

정의

워크스마트와 스마트워크는 공통적으로 업무 효율 향상을 목적으로 하고 있으나 워크스마트는 일하는 방식의 변화에 초점을 두고 있다.

현상 분석

일하는 방식의 변화에서 업무 효율을 높이려면 상사의 불명확한 업무 지시 방식을 개선해야 한다.

해결 방안

리더의 명확한 업무 지시를 위해 6W3H 업무 지시서 작성을 활성화한다.

우리 회사의/일하는 방식을 변화시키는 워크스마트 적용 방안으로 리더의 불명확한 업무 지시 개선을 위한 6W3H 업무 지시서 작성을 추진하고자 합니다. 이를 통해 의사 전달을 명확하고 구체적으로 수행해 업무 효율을 향상시키는 것이 목적입니다.

(정의) 먼저 스마트워크라는 용어를/워크스마트로 대체해 사용했습니다. 워크스마트와 스마트워크는/업무 효율 향상을 목적으로 한다는 공통점이 있습니다. 그러나 스마트워크는/물리적 업무 환경 개선에, 워크스마트는/일하는 방식의 변화에 초점을 두고 있으므로 우리 회사의 목적에는 워크스마트라는 용어가 더 적합합니다.

(현상 분석) 고용노동부 근무 혁신 10대 제안 및 직장인을 위한 업무 방식 실태 조사에서는/가장 큰 업무 효율 저해 요소로 불명확한 업무 지시를 꼽고 있습니다. 아울러 내부 임직원 설문에서도/업무 목적, 업무 범위, 마감 시간 등의 구체적인 업무 지시가 필요하다는 의견이 조사되었습니다.

따라서 업무 효율을 높이기 위해/일하는 방식에 변화를 주는 첫 번째 방법으로/리더의 불명확한 업무 지시 방식을 개선하는 것이 필요하다고 판단했습니다.

(해결 방안) 이에 리더의 업무 지시 방식을 개선하는 실행 방안으로/6W3H 업무 지시서 작성을 시행하고자 합니다. 6W3H가 포함된 업무 지시서는/다음과 같습니다. 배경 설명, 완성물 형태, 업무 수행 범위, 마감 시한을 구체적으로 명기하도록 구성했습니다.

앞으로 임직원 개선 의견을 청취하고/수정·보완을 거쳐 한 달 후에 최종 실행이 가능하도록 준비하겠습니다. 이상으로 6W3H 업무 지시서 작성을 통한/업무 효율화 방안 보고를 마치겠습니다.

방향을 제시하는 정책 보고

: 업무 방향과 추진 과제가 드러나야 한다

'정책'은 일상적으로 많이 사용하는 용어지만 정확히 정의하기는 쉽지 않습니다. 국어 사전에서는 정책을 '정치적 목적을 실현하기 위한 방책'으로 정의하고 있습니다. 일반적으로 정책은 공공기관이 공공의 이슈를 해결하기 위해 결정하는 행동 방식을 의미하기 때문에 정부부처나 공공기관에서만 사용하는 용어로 해석하기 쉽습니다. 외교 정책, 복지 정책, 대북 정책, 농업 정책, 고용 정책, 교육 정책, 부동산 정책, 여성가족 정책, 민생안정 정책 등이 여기에 해당합니다. 그러나 정책은 비전 및 방침, 사업 전략, 사업 계획, 업무 계획, 업무 지원 등과 같이 민간기업에서 사용하는 개념에도 사용할 수 있습니다. 따라서 우리는 공공과 민간에서 공통으로 사용하는 포괄적 개념으로 정책을 이해하고자 합니다.

이번 정책 보고에서는 정부 부처 정책 보고인 업무 보고를 예로 활용합니다. 2020년 고용노동부 업무 보고[1]의 주요 내용을 1분 보고로 구성해보겠습니다.

----

1) 출처 : https://bit.ly/2UXD2MH

확실한 변화! 대한민국2020!

2020년 고용노동부 업무보고

'더 좋은 일자리, 반등을 넘어 체감으로'

2020. 2. 11.

고용노동부

Ⅰ. 핵심정책 추진성과와 평가

□ 그간 '함께 잘사는 나라'를 만들기 위해 '일자리 기회 확대', '일자리의 질' 향상에 역점을 두고 정책 추진

  ㅇ 특히, 취업자 수, 고용률 등 핵심 고용지표가 개선되면서 V자형 반등에 성공, 고용보험의 저변도 확대

  ㅇ 최초로 年 노동시간(상용 5인 이상) 2천 시간 미만으로 진입하고, 저임금 노동자 비중도 20% 미만으로 감소하는 등 노동자 삶의 질 개선

  ㅇ '20년은 일자리의 긍정적 추세를 이어가고, 현장의 목소리를 토대로 정책을 보완해 나가면서 '확실한 변화·확실한 성과' 도출

1. 일자리 기회 확대

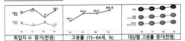

취업자수 증가(천명)	고용률 (15~64세, %)	대상별 고용률 증가(천명)

□ 청년·여성·고령자 등의 고용지표가 뚜렷한 회복세

  ㅇ (청년) '구직·채용·근속' 단계별 청년 3대 핵심사업을 통해 청년과 중소기업의 일자리 매칭 강화 → 고용률, 실업률 등 모두 개선

    • 청년고용률 (%): ('16) 41.7 → ('19) 43.5 // '06년 이후 최고 수준

  ㅇ (여성) 배우자 출산휴가 확대 및 급여 신설('19.10월~), 육아휴직급여 강화 등 모성보호 지원 확대로 경력단절 예방

    • 여성고용률(%): ('16) 56.1 → ('19) 57.8 • 비경활증감(만명): ('16) 3.0 → ('19) △7.0

  ㅇ (고령자) 급속한 고령화에 대비, '인생 3모작(주된 일자리·재취업·퇴직 후 사회참여)' 지원 지속 추진

    • 고령자고용률 (%): ('16) 66.2 → ('19) 66.9 • 경활참가율 (%): ('16) 68.1 → ('19) 68.9

□ 고용안전망의 저변 확대 및 보장성 강화

  ㅇ 일자리 안정자금, 사회보험료 지원 등 사각지대 해소 노력으로 1차 고용안전망인 고용보험의 포괄범위 확대

  ㅇ OECD 주요국 수준으로 실업급여 보장성 강화('19.10월~)

    • 실업급여 수혜비율(%): ('15) 38.9 ('16) 37.8 ('17) 37.4 ('18) 39.9 **('19) 44.0**

√ 40대·제조업 고용상황이 여전히 어렵고, 청년 등은 정책 체감 부족 문제 제기

- 1 -

---

2. 일자리의 질 제고

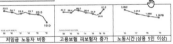

저임금 노동자 비중	고용보험 피보험자 증가	노동시간 (상용 5인 이상)

□ (노동시간 단축) 주 최대 52시간제 시행(개정 「근로기준법」, 공포, '18.3월)에 따른 현장안착에 총력

    • (300인 이상) : 1:1 밀착지원 → 재량근로제 대상업무 확대(판도매니저, 애널리스트)
    • 노선버스 지원대책 및 일본 수출규제 관련 기업 지원 등 다양한 조치
    • (50~299인) : 노동시간단축 현장지원단을 통한 1:1 맞춤형 밀착 지원 실시
    • 현장 애로사항 해소를 위한 한정적 보완조치 시행('19.12.11 발표)

  ㅇ 상용 5인 이상 연간 노동시간이 최초로 1,900시간대('18년 1,986시간) 진입, 현장의 근로문화 개선 등 긍정적 변화 도출

    • 주53시간 이상 취업자 비율 감소(경활조사, 통계청): ('18) 16.8% → ('19) 14.8%
    • 연장근로 한도 위반사업장 비율: ('17) 29.9% → ('18) 18.9% → ('19) 6.6%

□ (저임금 노동자 지원) 최저임금 인상('18년 7,530원 → '20년 8,590원), 일자리 안정자금·사회보험료 지원 지속

    • (일안자금) 83만개 사업장, 344만명 • (사회보험료) 전체 263만명, 신규지원 65만명

□ 「대·중소기업 복지격차 완화와 상생협력을 위한 업무협약」 체결 ('19.4 고용부·중기부·동반위), 대·중소기업 격차 완화를 위한 협업기반 마련

    • '공동근로복지기금'(고용부) 참여 기업에 대한 '중소기업 생상성 지원'(중기부)
    • '임금격차 해소운동'(동반위)의 일환으로 '공동근로복지기금' 적극 홍보 등

□ (정규직 전환) 공공부문 상시·지속업무에 종사하는 비정규직의 정규직 전환 추진 → '19년까지 19.0만명 정규직 전환 결정 + 처우 개선 도모'

    • 공공부문 정규직 전환 이후 연 평균 391만원의 임금인상(노동연 설문조사, '19.5월)

□ (산재 사망사고 감축) 산재 사망사고 절반 감축을 목표로 산재다발 업종·사업장 중심 관리·감독에 역량 집중

  ⇒ 산재 사망자가 '99년 이후 최초로 800명대 진입('19년 855명)

  ⇒ 원청의 책임확대, 유해·위험작업 도급 제한 등을 주요 내용으로 '90년 이후 28년 만에 「산업안전보건법」 전부 개정('19.1.15 공포, '20.1.16 시행)

√ 탄력근로제 개선, 최저임금 결정체계 개편 등 입법 지연은 더욱 노력할 부분

- 2 -

고용노동부의 2020년 업무 보고는 카드 뉴스 형태로도 공개되어 있습니다[2]. 서면 보고서의 내용을 요약한 자료입니다. 카드 뉴스는 보고서의 엘리베이터 스피치[3]라고 이해하면 좋을 것입니다.

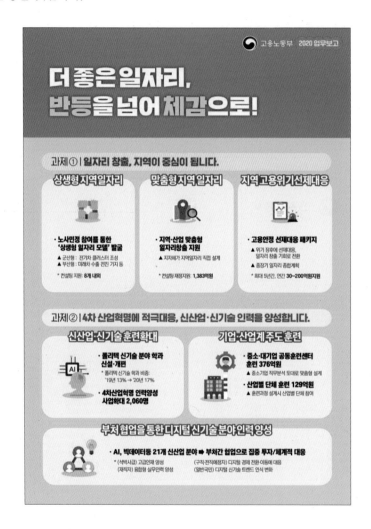

2) 출처 : 고용노동부 업무 보고 https://bit.ly/3bBv2Y2

3) 엘리베이터 스피치(Elevator Speech)는 엘리베이터를 타고 내릴 때까지의 시간인 약 60초 안에 투자자의 마음을 사로잡을 수 있어야 한다는 의미의 용어입니다.

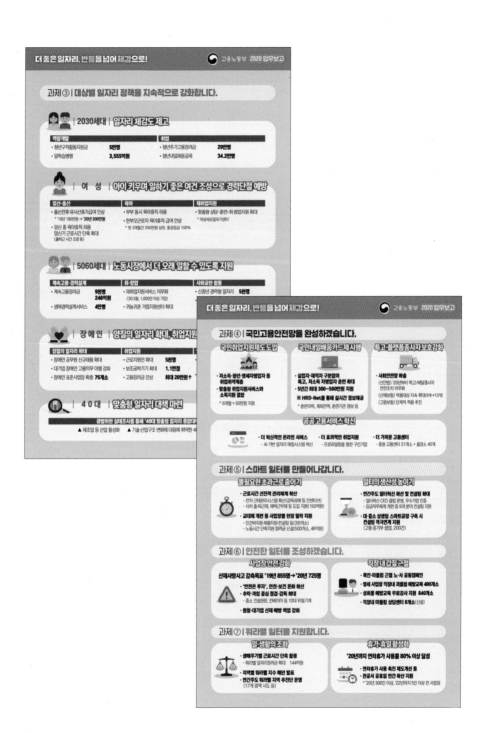

Step 1. 설명문을 함께 구성한 질문과 답변 정리하기

고용노동부의 업무 보고는 대통령과 국민에게 보고되는 자료입니다. 고용노동부의 가장 큰 화두인 일자리와 관련된 내용을 질문으로 구성해보겠습니다.

국민과 함께 하는 일자리 어떻게 구현할 것인가?

2대 핵심 목표 및 7대 실천 과제를 추진한다.
지역과 산업의 주도적 참여를 통해 일자리 기회를 확대하고 노사의 협력을 토대로 일터 문화를 혁신하여 2020년에는 일자리 반등을 넘어 국민 체감의 해로 자리매김한다.

"국민과 함께 하는 일자리 어떻게 구현할 것인가?"로 질문을 정리했습니다. 이에 고용노동부의 2020년 2대 핵심 목표와 7대 실천과제 추진을 지배 메시지로 선택했습니다. 그리고 설명문을 함께 기술해 세부 내용을 미리 머릿속에 그릴 수 있도록 정리했습니다.

Step 2. 실행 계획이 드러나는 목차 구성하기

정책 또는 업무 보고에서는 대개 이전 연도의 실적을 먼저 분석합니다. 이전 연도에 잘했던 업무를 성과로, 부족했던 부분을 개선 사항으로 정리하는 것입니다. 따라서 첫 항목으로 '추진 성과'를 정리하고자 합니다. 이후 개선 사항을 반영해 당해 연도의 정책을 어떤 방향으로 추진할 것인지 '추진 방향'을 제시합니다.

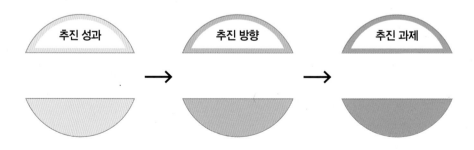

세 번째 항목인 '추진 과제'에서는 7대 추진 과제를 유목화(Grouping, Chunking)하여 정리합니다. 이와 같이 [추진 성과 – 추진 방향 – 추진 과제] 또는 [사업 실적 – 추진 방향 – 목표 – 추진 과제]의 전개는 사업 계획이나 업무 계획을 수립할 때 많이 사용하는 목차이므로 잘 기억해두는 것이 좋습니다.

Step 3. 추진 의지를 드러내는 리드 메시지 도출하기

'추진 성과'의 리드 메시지는 이전 연도에 추진했던 정책의 결과를 돌아보고 올해는 어떤 부분을 개선할 것인지 정리하는 가이드입니다. 따라서 실적 분석을 통해 도출된 결과물을 정리해 작성합니다.

'추진 방향'은 콘셉트를 의미합니다. 콘셉트는 현재의 상황을 분석해서 문제나 개선해야 할 과제를 해결하는 방법 또는 대안을 한 문장으로 표현하거나 슬로건화 · 개념화 · 부호화 등의 방법으로 정리한 것입니다. 고용노동부의 2020년 업무 보고의 콘셉트는 '더 좋은 일자리 반등을 넘어 체감으로'입니다. '추진 방향'에서는 '2대 핵심 목표와 7대 실천 과제'가 콘셉트에 해당합니다.

'추진 과제'는 정부 정책인 만큼 강력한 의지를 담은 메시지로 작성해보았습니다.

추진 성과	추진 방향	추진 과제
2020년은 일자리 성과의 긍정적 추세를 이어가면서 이를 넘어 모든 국민이 체감할 수 있는 확실한 변화를 도출한다.	'일자리 기회 확대'와 '일터 문화 혁신'의 2대 핵심 목표와 7대 실천 과제를 마련하여 중점 추진한다.	2대 핵심 목표에 따른 7대 실천 과제 추진으로 근본적이고 확실한 변화를 만들겠다.

Step 4. [추진 성과 – 추진 방향 – 추진 과제]의 3단계 패턴 선택하기

'추진 성과'는 이전 연도의 성과와 개선할 부분을 비교 패턴으로 정리하고, '추진 방향'은 '일자리 기회 창출'과 '일터 문화 혁신'의 2대 핵심 목표를 분류 패턴으로 정리했습니다. '추진 과제'에서는 분류 패턴을 사용해 7대 과제를 설명할 수도 있지만, 엘리베이터 스피치의 짧은 보고 시간을 고려해 핵심 목표를 분류 기준으로 삼고 실제 내용을 유목화해 정리하는 방식을 취했습니다.

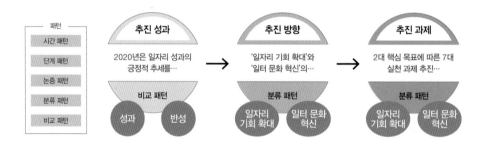

이제 한 장 보고로 정리합니다. 이번 보고는 패턴에서 살펴봤듯이 두 개의 축으로 내용을 전개했습니다. 반복해서 설명하자면 반드시 3의 구성을 준수해야 하는 것은 아닙니다. 두 개로 충분하다면 두 개로 정리하면 되고, 네 개도 괜찮습니다. 내용을 정리하는 데 알맞은 최적의 숫자를 찾는 것이 중요합니다.

더 좋은 일자리 반등을 넘어 체감으로

기획	분석	설명	요청
개선·제안·정책	현상/동향·이슈·실태	계획·결과·상품/서비스	협조·검토·대응

프로세스

질문과 답변
↓
목차 구성
↓
메시지 도출
↓
패턴 선택
↓
스크립트 작성

패턴

시간 패턴

단계 패턴

논증 패턴

분류 패턴

비교 패턴

질문	국민과 함께 하는 일자리 어떻게 구현할 것인가?
답변	2대 핵심 목표 및 7대 실천 과제를 추진한다. 지역과 산업의 주도적 참여를 통해 일자리 기회를 확대하고 노사의 협력을 토대로 일터 문화를 혁신하여 2020년에는 일자리 반등을 넘어 국민 체감의 해로 자리매김한다.
항목 1	2020년은 일자리 성과의 긍정적 추세를 이어가면서 이를 넘어 모든 국민이 체감할 수 있는 확실한 변화를 도출한다.

	성과	반성	
추진 성과	지난해 청년, 여성, 5060세대 등 맞춤형 일자리 대책 등에 힘입어 취업자, 실업자, 고용률 3대 고용지표가 개선되었다. 연간 노동 시간이 1,900시간대로 진입하고 저임금 노동자 비중도 최초로 20% 미만으로 감소하는 등 일자리 질이 개선되었다.	제조업·40대의 고용 회복이 지연되고 지역별 고용 개선에 편차가 나타나는 등 청년을 비롯한 국민 모두가 일자리 성과를 체감하기에는 아쉬움이 있었다. 탄력근로제 개선, 최저임금 결정체계 개편 등 입법 지연은 더욱 노력해야 할 부분이다.	

항목 2	'일자리 기회 확대'와 '일터 문화 혁신'의 2대 핵심 목표와 7대 실천 과제를 마련하여 중점 추진한다.

	일자리 기회 확대	일터 문화 혁신	
추진 방향 (핵심 목표)	지역·산업이 주도하여 일자리 창출 모델을 설계·발굴하고 정부가 뒷받침하여 더 좋은 일자리를 만들겠다.	노사가 함께 하는 일터의 관행과 문화의 혁신을 통해 근본적이고 확실한 변화를 만들겠다.	

항목 3	2대 핵심 목표에 따른 7대 실천 과제를 추진해 근본적이고 확실한 변화를 만든다.

	일자리 기회 확대	일터 문화 혁신	
추진 과제	·민간의 고용창출력 확대 ·신산업·신기술 인력 양성 ·대상별 일자리 지원 강화 ·국민 고용안전망 완성	·생산성 높은 스마트 일터 ·누구에게나 안전한 일터 ·일과 내 삶이 조화로운 워라벨 일터	

Step 5. 1분 보고 스크립트 작성하기

'더 좋은 일자리 반등을 넘어 체감으로' 고용노동부 2020년 업무 보고를 1분 보고 스
크립트로 구성해보겠습니다.

국민과 함께 하는 일자리 어떻게 구현할 것인가?

2대 핵심 목표 및 7대 실천 과제를 추진한다.
지역과 산업의 주도적 참여를 통해 일자리 기회를 확대하고 노사의 협력을 토대로
일터 문화를 혁신하여 2020년에는 일자리 반등을 넘어 국민 체감의 해로 자리매
김한다.

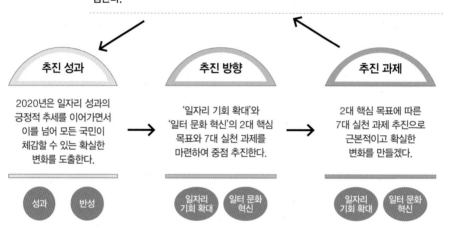

추진 성과

2020년은 일자리 성과의
긍정적 추세를 이어가면서
이를 넘어 모든 국민이
체감할 수 있는 확실한
변화를 도출한다.

성과 반성

추진 방향

'일자리 기회 확대'와
'일터 문화 혁신'의 2대 핵심
목표와 7대 실천 과제를
마련하여 중점 추진한다.

일자리
기회 확대 / 일터 문화
혁신

추진 과제

2대 핵심 목표에 따른
7대 실천 과제 추진으로
근본적이고 확실한
변화를 만들겠다.

일자리
기회 확대 / 일터 문화
혁신

2020년도에 고용노동부는 국민과 함께 하는 일자리 구현을 위해 2대 핵심 목표 및 7대 실천 과제를 추진하겠습니다. 지역과 산업의 주도적 참여를 통해 일자리 기회는 확대하고, 노사의 협력을 토대로 일터 문화는 혁신하여 2020년에는 일자리 반등을 넘어 국민 체감의 해로 자리매김하겠습니다.

(추진 성과) 2019년도에는 고용률 세 개 지표의 개선 등 소기의 성과를 이뤘습니다. 그러나 지역별 고용 개선의 편차와 국민 모두가 일자리 성과를 체감하기에는 아쉬움이 있었습니다. 2020년도는 일자리 성과의 긍정적 추세를 넘어서 모든 국민이 체감할 수 있는 확실한 변화를 만들겠습니다.

(추진 방향) 이를 위해 2대 핵심 목표와 7대 실천 과제를 선정하여 중점적으로 추진하겠습니다.

먼저 2대 핵심 목표는 '일자리 기회 확대'와 '일터 문화 혁신'입니다. 지역과 산업이 주도하여 일자리 창출 모델을 설계·발굴하고, 정부가 뒷받침하여 더 좋은 일자리를 만들겠습니다. 아울러 노사가 함께하는 일터의 관행과 문화의 혁신을 통해 근본적이고 확실한 변화를 만들겠습니다.

(추진 과제) 2대 핵심 목표에 따른 7대 실천 과제는 일자리 기회 확대를 위해 ▲ 민간의 고용 창출력 확대, ▲ 신산업·신기술 인력 양성, ▲ 대상별 일자리 지원 강화, ▲ 국민 고용안전망 완성의 4대 과제를 추진하겠습니다. 다음으로 일터 문화 혁신을 위해서는 ▲ 생산성 높은 스마트 일터, ▲ 누구에게나 안전한 일터, ▲ 일과 내 삶이 조화로운 워라밸 일터의 3대 과제를 추진하겠습니다.

7대 과제의 상세 내용은 보고서를 참조하시기 바랍니다. 이와 같이 2대 핵심 목표와 7대 실천 과제의 적극적인 추진으로 근본적이고 확실한 일자리 변화를 만들겠습니다. 감사합니다.

기획 보고는 업무에서 발생한 문제를 해결할 수 있도록 아이디어나 대안을 수립한 내용을 전달하는 보고입니다.

▶ 의견을 제시하는 제안 보고

제안 보고는 보고자가 생각한 아이디어를 의도적으로 관철시키는 활동입니다. 제안 보고를 한다고 해서 무조건 통과되는 것이 아닙니다. 그러므로 제안을 받는 사람이 수많은 아이디어 중에 보고자의 아이디어를 선택하는 의사결정을 할 수 있도록 적절하고 명확한 논거를 제시하는 것이 중요합니다.

▶ 해결안을 제시하는 개선 보고

개선 보고는 실제 업무에서 드러난 문제점을 어떻게 개선할지 대책을 세워 내용을 전달하는 보고입니다. 문제와 원인을 자세히 규명하고, 개선 대책을 수립하며, 이를 해결했을 때의 효과를 함께 제시합니다.

▶ 방향을 제시하는 정책 보고

정책 보고는 의사결정권자가 정책의 방향과 과제를 정확하게 인식하고 의사결정을 할 수 있도록 관련 사실을 정리하고 다양한 관점을 반영해 분석적 · 종합적으로 업무 방향을 제시하는 보고입니다. 의사결정권자의 입장에서 알아야 할 핵심 사항을 중심으로 간결하게 보고하는 것이 좋습니다.

설명 보고

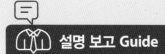

說明

어떤 일이나 대상의 내용을 상대편이 잘 알 수 있도록
밝혀 말함. 또는 그런 말

說(말씀 설) 明(밝을 명)

설명 보고는 어떤 일이나 내용을 상사나 고객이 잘 알고 이해할 수 있도록 자세히 전달하는 보고 형태입니다. 설명을 잘하려면 세 가지를 갖춰야 합니다.

첫째, 보고자가 정보를 충분히 알고 있어야 합니다. 자신이 설명할 내용에 대해 잘 모른다면 제대로 설명할 수 없고 때로는 잘못된 정보를 전달할 수도 있습니다. 따라서 보고자는 설명할 내용에 대해 과도할 정도로 많은 정보를 알고 있는 것이 좋습니다.

둘째, 사실(Fact)대로 설명해야 합니다. 상사나 고객을 설득하는 것이 목적인 기획 보고와 달리 설명 보고의 목적은 이해입니다. 따라서 설명 보고를 할 때는 정확하고 객관적인 사실만 전달해야 합니다. 보고자의 의견이 있을 때는 그것이 개인적인 생각임을 분명히 밝히는 것이 좋습니다.

셋째, 쉽고 정확한 표현을 사용해야 합니다. 그래야 상대방이 오해하지 않고 제대로 이해할 수 있습니다. 또한 설명의 방식이나 과정은 설명하고자 하는 내용에 따라 달라져야 합니다. 따라서 정의, 예시, 비교와 대조 등의 스토리텔링 요소를 활용해 내용에 가장 적절한 표현 방법을 찾아 설명을 준비하는 습관이 필요합니다.

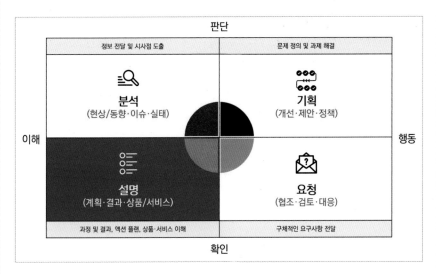

▲ 설명 보고

설명 보고의 목적은 이해이므로 전형적인 설명형 구조를 갖춰 구성합니다. 사례 등을 제시해 과제 수행 과정과 절차를 이해하기 쉽게 전달하는 것이 중요하며, 실행 결과에 따른 성과와 향후 과제를 설명하는 것도 잊어서는 안 됩니다.

설명 보고는 계획 보고, 결과 보고, 상품/서비스에 대한 보고로 구분할 수 있습니다. 계획 보고는 이미 확정된 업무 추진 계획을 전달하는 보고이며, 결과 보고는 업무를 추진한 후에 결과를 중심으로 설명하는 보고입니다. 상품/서비스 보고는 신규 상품이나 서비스 또는 개선된 서비스에 대해 설명하는 보고입니다.

설명 보고의 사례를 하나씩 살펴보겠습니다.

실행을 전파하는 계획 보고
: 운영 목적과 구체적인 행동이 드러나야 한다

계획 보고는 일정한 기간 내에 특정한 목적이나 목표를 효과적으로 달성하기 위해 수립한 '조직 및 부서, 개인의 행동 절차와 방법에 관한 내용이나 계획'을 전달하는 형식의 보고입니다. 계획 보고의 종류는 기준에 따라 여러 가지로 분류할 수 있습니다. 계획 보고는 목표 달성을 위해 업무를 추진하는 구체적인 절차·방법·일정 등을 보고하거나, 이미 결정된 계획을 다른 부서와 공유·전파하는 데 쓰입니다. 따라서 건의사항을 상신할 때도 사용합니다. 연말연시에 향후 1년 동안의 업무 계획을 보고하거나 월간 업무 계획, 주간 업무 계획 및 특별 계획 등의 형태로 이루어지기도 합니다. 계획 보고는 업무 내용의 목표나 추진 방향을 명확하게 파악하고 확인할 수 있게 구성해야 합니다. 계획 보고를 준비할 때는 목표의 명확성, 업무의 분석·분류·순서에 대한 적절성, 수단과 방법의 적절성, 계획의 현실성 등을 검토해야 합니다.

다음은 사업의 원활한 추진을 위한 기관장 지시사항입니다. 기관장의 지시에 따라 회사 간부들에게 앞으로 업무 회의를 어떻게 진행해야 하는지 운영 방안을 설명하는 보고입니다. '업무 회의 운영 계획 보고'를 바탕으로 보고 내용을 정리해보겠습니다.

업무 지시

우리 기관이 설립되고 올해 진행되는 사업은 다른 여느 해보다 중요합니다. 특히 TFT에서 진행하는 과제는 기관 내·외에서 큰 관심을 갖고 지켜보는 사안이기도 합니다. 따라서 사업 계획의 원활한 추진 관리를 위해 신속하고 공정한 의사결정 체계를 구축해 한시적으로 운영하는 것이 필요하다고 판단했습니다. 이에 주관 부서에서 구축한 의사결정 업무 회의 운영 계획에 따라 사업 추진에 만전을 기해 주시기 바랍니다.

업무 회의 운영 계획 보고

2019. 12. 21

사업 계획 추진에 만전을 기하기 위해 부서별 당면 업무 및 추진 업무를 공유하고, 신속한 의사결정 체계구축을 도모하는 정기 업무 회의를 운영하고자 함

□ **추진 배경**
　◦ 기관장님 구두 지시사항(2019. 12. 1. 주간 회의)
　◦ 사업 추진사항을 사전에 검토하여 신속한 의사결정 및 업무 대응을 하고자 함

□ **운영 계획**
　◦ 기간 : 2020. 1. 3. ~ 2020. 6. 30.
　◦ 대상 : 전부서
　◦ 주관 : 경영지원팀

구분	회의 내용	참석 대상	일시	회의 자료
간부 회의	당면사항 보고 및 지시 – TFT 진행상황 보고	기관장, 본부장, 팀장	매주 화요일 10:00	경영지원팀
월간 회의	월간업무계획 보고 ※ 보고 : 각 팀장	기관장, 본부장, 팀장, 전 직원	매주 4주차 금요일 9:00	매월 4주차 목요일 (12:00)까지 자료 제출 (전 부서→경영지원팀)
주간 회의	주간업무계획 보고 ※ 보고 : 각 팀장	본부장, 팀장	매주 월요일 9:00	매월 금요일(12:00)까 지 자료 제출(전 부서→ 경영지원팀)
TFT 회의	업무 진행상황 보고	본부장, TF팀원	매일 17:00	TFT

□ **운영 방법**
　◦ 3·3·3 회의문화 구축
　　– 3가지 안건 이하, 3분 안에 보고 및 의사결정, 30분 이내
　　– 결론 및 실행 계획을 명확하게, 논의된 사항 종합 정리 후 3시간 내에 실행

붙임 : 1. 주간 회의자료(양식) 1부.
　　　 2. 부서별 주요 현안 과제 목록 1부. 끝.

Step 1. 지시자의 의도를 제대로 정의하는 질문과 답변 정리하기

보고를 구성할 과제를 질문과 답변 형태로 정리합니다. 앞의 '업무 회의 운영 계획 보고'는 기관장의 구두 지시로 진행된 업무 회의 운영 계획을 임직원에게 설명하는 전형적인 한 장 보고입니다. 임직원들이 알아야 할 내용을 질문으로 정리하면 "앞으로 어떻게 업무 회의를 운영할 것인가?"입니다. 이 질문에 관한 답변을 만들어봅니다.

앞으로 어떻게 업무 회의를 운영할 것인가?

네 개의 회의체를 3 · 3 · 3 회의 진행 방식으로 운영하여 신속한 의사결정을 추진한다.

보고서 상단의 요약 글은 전체 내용을 포괄적으로 정리하였으나 구체적인 운영 계획과 방법이 표현되지 않아 아쉽습니다. 따라서 추진 배경과 운영 계획 및 방법을 묶어 "네 개의 회의체를 3 · 3 · 3 회의 진행 방식으로 운영하여 신속한 의사결정을 추진한다."로 답변을 결정했습니다. 답변은 보고자의 생각에 따라 달라질 수 있습니다. 질문에 적합한 답변으로 구성하는 것이 중요합니다.

Step 2. 계획이 드러나는 목차 구성하기

다음은 보고의 목차를 결정합니다. 이번 보고에는 보고서 상의 목차를 그대로 사용해도 무방할 것입니다. 위 과제를 수행해야 하는 이유를 기술한 추진 배경, 네 개의 회의체 종류와 참석자, 일시를 기술한 운영 계획, 회의 운영 방법을 기술한 운영 방법으로 보고 내용을 정리합니다.

보고 문서의 목차가 적절하다면 보고의 목차도 자연스럽게 결정됩니다.

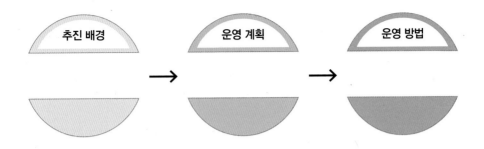

Step 3. 명확한 단계가 보이는 메시지 도출하기

각 항목별로 메시지를 도출합니다. 메시지는 주어와 동사를 포함한 완전 문장으로 기술하는 것이 좋지만 보고 구조를 잡을 때는 개조식 문장을 사용해도 좋습니다.

'추진 배경'은 기관장 지시사항으로 진행되었음을 전달하는 것으로 충분합니다. '운영 계획'은 회의체와 회의 내용, 참석 대상 및 일시를 포함합니다. 하나씩 구체적으로 보고하기보다 네 개의 회의체가 운영된다는 목록형 헤드라인을 중요 메시지로 하고, 패턴에서 자세한 설명이 이루어지도록 구성합니다.

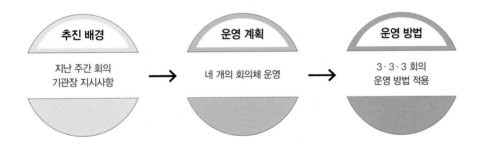

마지막으로 '운영 방법'은 '3·3·3 회의 운영 방법 적용'이라는 콘셉트형 헤드라인을 중요 메시지로 활용합니다.

Step 4. [추진 배경－운영 계획－운영 방법]의 3단계 패턴 선택하기

'추진 배경'은 기관장의 지시사항이므로 더 이상의 추가 설명은 하지 않아도 됩니다.

신속한 의사결정과 같은 목적을 함께 설명할 수 있겠지만 전개 패턴은 불필요합니다. '운영 계획'에서는 네 개의 회의체에 대한 설명이 필요합니다. 분류 패턴과 기관장의 참석 여부에 따른 유목화 작업으로 내용을 정리합니다. 기관장이 참석하는 간부 회의와 월간 회의, 기관장이 참석하지 않는 주간 회의, TFT 회의로 구분하여 설명합니다.

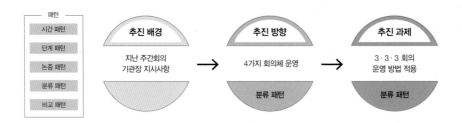

'운영 방법'은 '안건 세 개 이하', '3분 안에 보고 및 의사결정', '30분 이내'라는 내용으로 3·3·3 회의 문화로 기억할 수 있도록 설명합니다. 운영 방법을 세 개로 분류했으므로 분류 패턴을 사용하는 것이 적절합니다.

Step 5. 1분 보고 스크립트 작성하기

보고 구조와 핵심 내용을 정리하면 다음과 같습니다. 구조와 내용 전개에 따라 보고 내용 스크립트를 작성해봅니다.

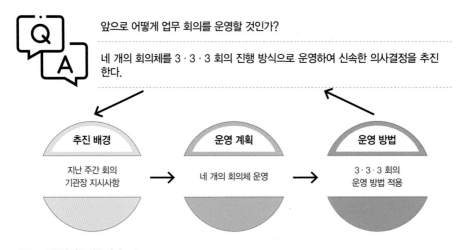

업무 회의 운영 계획을/보고 드리겠습니다.

사업 계획 추진에 만전을 기하기 위해/상반기 한시적으로 네 개의 회의체를 운영하고, 3·3·3 회의 진행 방식으로 신속한 의사결정 및 업무 대응을 하고자 합니다.

(추진 배경)
업무 회의 운영 계획은/지난 12월 1일 주간 회의 시 기관장님 지시사항으로 준비하였습니다.

(운영 계획)
앞으로 운영될 업무 회의는/네 개의 방식으로, 기관장님이 참석하는 간부 회의와 월간 회의, 본부장 이하 참석하는 주간 회의와 TFT 회의로 구성됩니다.

간부 회의는/매주 화요일 10시에 당면 과제와 TFT 진행사항 보고를 진행하며, 월간 회의는/매월 4주차 금요일 9시에 기관장님 이하 전 직원이 참석하여 각 팀의 월간 업무 계획을 해당 팀의 팀장 보고로 진행하여 의사결정 사항을 공유합니다.

주간 회의는/매주 월요일 9시에 본부장님 및 각 팀장이 참석하여 주간 업무실적 및 계획을 공유하고 필요한 사항을 협의합니다.

마지막으로 TFT 회의는/긴급을 요하는 업무로, 매일 오후 5시에 본부장님 주관 하에 진행사항을 점검합니다.

TFT 회의는/TFT에서 자체 운영하며, 다른 회의는/경영지원팀의 주관으로 운영됩니다. 회의 자료 제출 기한 및 양식은/보고서를 참조해주시기 바랍니다.

(운영 방법)
각 회의의 운영은/3·3·3 회의 방식으로 진행됩니다. 3·3·3 회의 방식은/각 팀의 보고 시 안건 세 개 이하로, 3분 안에 보고 및 의사결정을 하며, 전체 회의 시간은 긴급 사항을 제외하고 30분 이내로 진행하여 신속한 의사결정을 내리는 것을 목표로 합니다. 또한 각 회의는 결론 및 실행 계획을 명확하게 정리하고, 논의 및 합의된 사항은 주관 부서에서 종합해 정리한 후 해당 팀에서 3시간 내에 실행하는 것을 원칙으로 합니다.

이상과 같이 6개월 동안 업무 회의 운영을 통해 금년도 사업 계획을 성공적으로 추진할 수 있도록 임직원 여러분의 많은 관심과 협조를 당부 드립니다.

이상으로 업무 회의 운영 계획 보고를 마치겠습니다. 감사합니다.

성과를 전달하는 결과 보고
: 업무 결과와 시사점을 드러내야 한다

결과 보고는 맡은 업무나 직급에 따라 특정한 업무의 결과가 어떻게 되었는지 보고하는 것을 말합니다. 내용은 지금까지의 업무 결과이며, 계획을 비교·분석해 제시할 수도 있습니다. 또한 향후 업무 진행에 참고할 수 있도록 업무 중에 부딪힌 장애 요인이나 해결되지 않은 문제를 보고하기도 합니다.

결과 보고에서는 해당 업무의 진행 과정 및 결과를 세부 항목으로 구분하고 이에 대한 정확한 내용을 정리합니다. 일반적으로 과제 수행 배경을 설명하는 과제 개요, 순차적으로 진행한 업무의 실행 과정, 이슈 해결 및 목표 달성 등의 실행 결과, 잘못된 일이나 부족한 점을 기술하는 개선 사항, 개선 사항을 반영해 앞으로 어떻게 진행할 것인지 설명하는 향후 계획 순으로 전개합니다.

결과 보고 예시로는 신입사원 입문 교육 운영 후에 작성한 교육 결과 보고서를 활용하겠습니다.

신입사원 입문 교육 결과 보고

2020. 5. 20.

□ **학습 목표**

신입사원이 빠르게 조직과 업무에 적응하여 개인의 역량을 발휘할 수 있다.

○ 학생에서 직장인으로의 신분 변화에 따른 다양한 변화를 인지한다.
○ 조직에 대한 이해를 통해 조기 적응력을 강화한다.
○ 직장 내 기본 에티켓과 매너 습득으로 즐거운 직장문화를 정착한다.

□ **교육 개요**

○ 일시 : 2020. 4. 27. – 2020. 5. 8. (2주)
○ 장소 : 대회의실
○ 대상 : 신입사원 30명

□ **교육 내용**

구분	일시	교육 내용
1주차	4. 27. ~ 5. 1.	법정 교육, 비즈니스 매너, 대인관계 커뮤니케이션, 업무 수행 및 시간 관리, 문서 작성법 등
2주차	5. 4. ~ 5. 8.	회사 제도 및 직무 소개, 선배와의 대화, 현장 견학, 과제토의 및 주제 발표 등

□ **평가 결과(1수준 만족도 평가 : 설문 방식)**

구분	세부 평가	평점
과정 평가	1. 본 과정에 대해 전반적으로 만족하십니까?	4.7
	2. 본 과정이 학습자의 수준에 적합한 내용으로 구성되었습니까?	4.6
	3. 본 과정의 시간은 적절하였습니까?	4.3
강의 평가	4. 본 과정은 업무 수행에 유용하게 활용될 것으로 생각되십니까?	4.6
	5. 전체 수업 활동은 흥미롭게 체계적인 방식으로 진행되었습니까?	4.2
	6. 교재, 강의 자료는 학습에 도움이 되었습니까?	4.5
강사 평가	7. 강사는 전문지식과 열의를 가지고 성실하게 교육하였습니까?	4.7
	8. 내용을 적절한 사례와 기법을 사용하여 전달하였습니까?	4.2
	9. 강사는 학습자의 질문에 성실하게 응답하였습니까?	4.6

□ **결과 분석**

○ 전반적으로 교육 내용은 향후 수행해야 할 업무에 도움이 될 것이라는 의견이 많음

○ 사내 강사의 경우 강사의 지식과 열정은 높음 수준으로 평가되었으며, 사내 업무 프로그램을 사용하는 실습 교육에 대한 몰입과 관심이 높았음. 실습 시간이 부족했다는 의견도 있었음

　　→ 실습 시간 부족 관련 향후 필요한 경우 교육 기간 연장 검토 필요

○ 실습을 제외한 사내 강사의 강의 전달 방식이 강의식 형태로 단순 지식 전달 방식이 많아 보완이 필요함

　　→ 흥미 유발이나 교수 방법의 다양화가 요구됨

○ 현장 체험에 대한 교육 만족도가 높게 나타났음

○ 외부 위탁교육의 경우 전반적인 만족도가 높게 나타났으며 이론보다 다양한 활동과 의견 공유를 통해 팀워크를 키울 수 있었다는 의견이 다수 나타남

□ **향후 개선 사항**

○ 사내 강사를 대상으로 교수 기법 및 강의 기법 교육 실시

　　→ 이론 중심에서 실습이나 활동 중심의 교육 방식으로 변화 모색

○ 충분한 실습 시간 확보로 효과적인 스킬 습득이 가능하도록 함

　　→ 교육 기간 연장 검토 예정

첨부 : 1. 교육 대상자 명단 1부.

　　　 2. 만족도 설문지 1부.

　　　 3. 교육 사진 1부. 끝.

교육 결과 보고는 두 가지 목적으로 작성합니다. 첫 번째는 교육의 목표, 즉 학습 목표 달성 여부입니다. 통상 교육받은 학습자를 대상으로 만족도에 대한 설문 평가를 실시해 확인합니다. 두 번째는 향후 교육의 개선 사항 도출입니다. 더 좋은 교육 과정으로 나아가기 위한 개선 사항을 설문지 평가에서 추출해 보고합니다. 상기 내용을 1분 보고 형태로 준비해봅니다.

Step 1. 상사(고객)의 입장을 고려해 질문과 답변 구성하기

교육 결과 보고를 받는 상사의 입장에서 궁금한 점은 두 가지입니다. 첫 번째 질문은 "신입 입문 교육은 학습 목표를 달성했는가?"로 정리할 수 있습니다. 교육 과정을 운영할 때의 주요 관심사는 학습 목표의 달성 여부이기 때문입니다. 두 번째로 궁금한 사항은 "앞으로 해당 교육 과정을 시행할 때 무엇을 보완해야 하는가?"일 것입니다. 보고 내용에 따라 질문은 하나 이상이 될 수도 있습니다. 질문은 반드시 하나여야 한다고 생각하지 말고, 상사나 고객 입장에서 궁금한 점이 있다면 그 질문에 모두 답변할 수 있도록 준비합니다.

신입 입문 교육은 학습 목표를 달성했는가?
앞으로 해당 교육 과정을 시행할 때 무엇을 보완해야 하는가?

교육 내용에 대한 만족도는 높게 나타났으나, 사내 강사의 교수법 다양화 및 교육 시간 연장에 대한 검토가 필요하다.

첫 번째 질문에 대한 답변은 학습자 만족도 설문 결과에서 높은 만족도가 나타난 정량 수치를 바탕으로 제시할 수 있습니다. 이때 만족도 설문 중 교육 전반에 대한 만족도와 업무 적합도가 높게 나온 결과를 활용하면 좋습니다.

두 번째 질문에 대한 답변으로는 지식 전달 위주의 강의식 교수법을 다양화할 것과 교육 시간 특히 실습 시간을 연장하는 데 대한 검토가 필요하다는 의견을 제시합니다.

Step 2. 교육 과정이 드러나는 목차 구성하기

목차의 첫 번째 항목은 '교육 개요'입니다. 신입 입문 과정은 기획 보고의 형태로 보고 후 결재에 따라 실행된 것입니다. 따라서 사전에 보고된 기획에 대한 배경 지식을 다시 한 번 상기시키는 정도로 간략하게 정리하는 것이 좋습니다. 상사가 이미 결재해서 알고 있는 내용을 길게 설명하는 것은 바람직하지 않습니다.

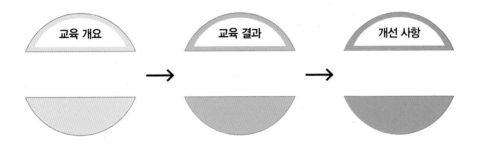

이어서 '교육 결과'를 보고합니다. 첫 번째 질문에 대한 답변을 시계열 순서로 정리합니다. 마지막 항목은 '개선 사항'입니다. 향후 신입 입문 과정을 진행할 때 보완 및 개선해야 할 사항을 정리해서 보고합니다.

결과 보고에서는 업무 수행의 최종 결과와 향후 개선 사항을 보고하는 것이 핵심입니다. 따라서 여기서 살펴본 교육 결과 보고뿐 아니라 현업에서 수행되는 결과 보고의 목차 항목으로는 [과제 개요 – 실행 결과 – 개선 사항]의 전개가 가장 많이 활용된다는 것을 기억합니다.

Step 3. 개선 사항까지 포함하는 메시지 도출하기

'교육 개요'의 헤드라인 메시지는 '신입사원 30명을 대상으로 2주 동안 교육을 실시함'으로 추출했습니다. 앞서 언급한 것처럼 '교육 개요'는 기획 보고에서 보고했던 내용을 간단하게 정리해 과제에 대한 배경 지식을 확인하는 정도로 합니다. 실제 내용을 전개할 때 교육 과정의 주요 내용을 추가 언급하는 것도 좋습니다.

'교육 결과'는 학습 목표의 달성 여부를 묻는 질문에 대한 답변으로 구성합니다. 설문 조사에서 교육 만족도와 업무 활용도의 수치가 높게 나왔다면 이를 토대로 학습 목표 달성 수준을 제시할 수 있습니다.

'개선 사항'의 헤드라인 메시지로는 강의를 맡은 사내 강사의 전문성은 높지만 지식 전달 위주의 강의식 교수법으로 인해 학습자가 지루함을 느끼고 흥미도가 떨어지고 있음을 언급합니다. 아울러 강의식 교수법이 아닌 실습 교육에 대한 만족도가 높으며 이를 연장해달라는 제안이 있음을 알리고, 여기에 대한 대응이 필요하다는 의견을 제시합니다. 개선 사항에 담은 메시지는 두 개입니다. 이처럼 항목마다 메시지를 꼭 하나로 정리해야 하는 것은 아닙니다.

Step 4. [개요 – 결과 – 개선 사항]의 3단계 패턴 선택하기

이번 결과 보고의 내용 전개 패턴으로는 모두 동일한 수준의 내용을 병렬적으로 설명하는 분류 패턴을 적용합니다. '교육 개요'에서는 대상, 일정, 교육 내용이 주된 설명 내용입니다. '교육 결과'에서는 설문 항목의 구조처럼 과정 평가, 강의 평가, 강사 평가에 대한 결과를 제시합니다. '개선 사항'도 사내 강사 교수법의 다양화와 실습 시간 연장, 즉 동일한 수준의 내용 전개입니다. 따라서 각 항목의 전개 패턴은 모두 분류 패턴이 적합합니다.

이러한 분류 패턴은 목차 구성 시 프레임이나 전형적 구조의 항목을 사용하지 않는 경우에 가장 많이 선택하는 패턴입니다.

Step 5. 1분 보고 스크립트 작성하기

신입 입문 교육 결과 보고의 특징은 지배 메시지와 개선 사항의 헤드라인 메시지가 각각 두 개라는 것입니다. 이 부분에 주의하여 보고 스크립트를 작성합니다.

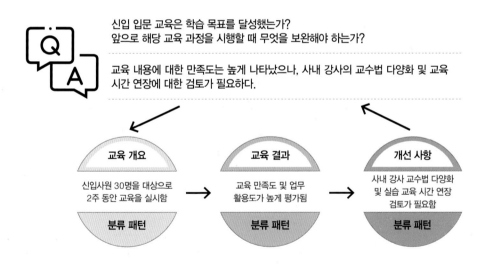

신입 입문 교육 결과를 보고하겠습니다.

신입 입문 교육의 학습자 평균 만족도는 4.5점으로, 전년 동일 과정 대비 0.5점 상승해 높은 만족도를 보였습니다. 개선 사항으로는 교수법 강화와 실습 시간 중심의 시간 연장 검토를 제안하고자 합니다.

순차적으로 하나씩 보고하겠습니다.

(교육 개요) 신입 입문 교육은 신입사원 30명 전원이 참석해 4월 27일부터 2주간 진행되었습니다. 1주차에는 외부 위탁 교육으로 기본 역량 교육을 실시했으며, 2주차에는 사내 강사를 활용해 직무 교육 및 현장 견학을 시행했습니다.

(교육 결과) 신입사원 만족도 평가 결과, 과정에 대한 전반적인 만족도는 4.7점, 강의 내용의 현장 업무 활용도는 4.6점, 강사 만족도는 4.7점으로, 조직과 업무 적응에 도움이 될 것이라는 응답 비율이 높았습니다.

반면에 강의 평가 항목 중 전체 수업 활동의 흥미도와 강사 평가 항목 중 적정한 사례와 기법 활용도는 4.2점으로 가장 낮은 점수를 기록했습니다.

(개선 사항) 따라서 사내 강사를 대상으로 교수 기법 및 강의 기법 심화 교육을 시행함으로써 지식 전달 중심에서 외부 위탁 교육 강사 수준의 실습과 다양한 활동 중심으로 교육 과정 운영을 개편하겠습니다. 아울러 사내 업무 프로그램을 사용하는 실습 교육과 현장 체험의 교육 만족도는 높게 나타났지만 실습 시간과 체험 시간이 부족했다는 의견도 있으므로 차기 신입 입문 교육 기획 시 교육 기간을 연장하는 방안을 검토하겠습니다.

이상으로 보고를 마치겠습니다. 감사합니다.

혜택을 전달하는 상품/서비스 보고

: 속성과 혜택을 제대로 드러내야 한다

일반적으로 상품/서비스 보고는 새로운 상품을 기획·출시하거나 새로운 서비스를 계획·개시했을 때 상품/서비스에 대해 설명하고 장점 및 사용자 혜택 등을 알리는 보고 형태입니다. 이와 같은 보고라면 기획형 또는 설득형 보고에 가깝다고 볼 수 있습니다. 상품/서비스는 판매를 목적으로 하는 경우가 많으므로 경쟁사 또는 자사의 다른 상품/서비스와 차별화된 요소를 찾아 셀링 포인트를 만드는 것이 중요합니다.

다른 측면에서 보면 상품/서비스 보고는 상품의 특징, 기능, 속성 등을 소개하기 위한 보고이기도 합니다. 이런 내용에 집중하는 형태라면 설명형 보고입니다. 설명형 보고에서는 상품/서비스의 특징이 잘 이해되도록 전달해야 합니다.

상품/서비스 보고는 설득을 목적으로 하는 기획형과 이해를 목적으로 하는 설명형의 경계를 넘나드는 경우가 대부분입니다. 여기서는 이해를 목적으로 하는 상품 보고를 예시로 들겠습니다.

다음은 노트북 스펙을 설명하는 내용이 담긴 그림입니다. 설명 보고의 핵심은 내용을 잘 이해할 수 있게 하는 것입니다. 다양한 설명 방법이 있겠지만 여기서는 스토리텔링을 활용해 내용을 구성하겠습니다.

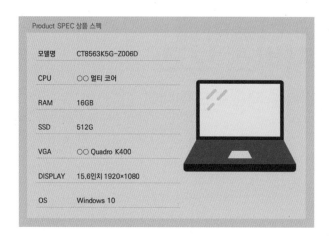

Step 1. 사용자 입장에서 질문과 답변 정리하기

이번 보고의 질문은 "노트북의 주요 사양 및 특징은 무엇인가?"입니다. 노트북의 기본 사양과 사용자 입장에서 궁금해하는 특징을 주된 내용으로 설명합니다.

노트북의 주요 사양 및 특징은 무엇인가?

전작 및 가격 대비 3대 핵심 부품의 사양을 대폭 강화하여 최고의 성능을 보여줍니다.

지배 메시지는 "전작 및 가격 대비 3대 핵심 부품의 사양을 대폭 강화하여 최고의 성능을 보여준다."입니다. 사양 강화와 최고의 성능을 강조합니다.

Step 2. 핵심 요소가 드러나는 목차 구성하기

목차는 CPU, RAM, SSD의 3대 핵심 부품을 배열합니다. 노트북에는 3대 핵심 부품이외에도 많은 부품이 있습니다. 모든 부품을 언급하기보다 가장 큰 성능 차이를 만드는 핵심 부품에 집중해 해당 부품의 강화된 사양을 중심으로 설명합니다.

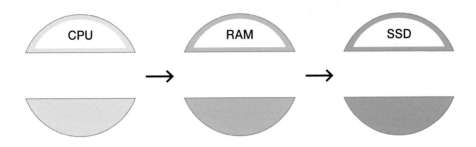

Step 3. 구체적 요소에 관한 리드 메시지 도출하기

CPU의 헤드라인 메시지는 싱글코어가 아닌 멀티코어를 장착하여 게임이나 3D 영상을 볼 때 끊김이 없다는 것을 강조합니다.

RAM은 보편적으로 8GB가 탑재되는 것과 달리 16GB를 장착해 병목현상을 줄임으로써 막힘 없는 업무 진행이 가능하고 전체 시스템의 속도가 빨라진다는 점을 메시지로 활용합니다.

SSD는 128GB, 256GB가 아닌 512GB 용량을 장착해 충분한 저장 공간을 제공한다는 점을 포인트로 전달합니다.

주의할 점은 보고를 받는 사람이 상사든 고객이든 CPU, RAM, SSD의 정의에 집중하지 않고 각 부품의 역할에 초점을 두어 설명해야 한다는 것입니다.

Step 4. 스토리텔링이 보이는 3단계 패턴 선택하기

이번 세 개의 목차 항목은 스토리텔링을 통해 내용을 기억할 수 있도록 전개합니다. 스토리텔링은 하나의 사건을 기억시키기 위한 전달 방식으로, 설명 보고에서 많이 사용합니다. 내러티브 방식의 시나리오와는 다른 개념입니다. 주로 보고자의 경험이나 사례, 비유, 은유, 비교, 대조를 활용합니다.

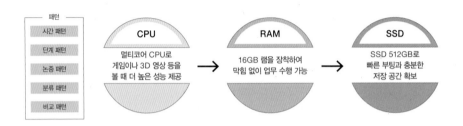

Step 5. 1분 보고 스크립트 작성하기

전체 구조는 다음 그림과 같습니다. 이번 설명 보고의 주안점은 스토리텔링으로, 직장인이 모두 출근한 이른 오전에 주부를 대상으로 노트북을 판매하는 홈쇼핑의 쇼 호스트처럼 노트북의 핵심 부품을 적절한 비유를 통해 설명해봅니다. 핵심 부품의 역할을 스토리텔링으로 전달하는 보고 스크립트를 작성합니다.

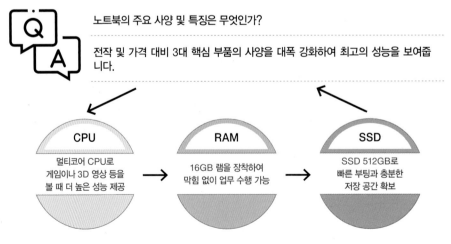

이번에 출시된 저희 노트북은/이전 모델이나 가격이 비슷한 경쟁사 모델에 비해 3대 핵심 부품의 사용을 대폭 강화하여 최고의 성능을 제공합니다.

이번 모델의 특징을 3대 핵심 부품, 즉 CPU, RAM, SSD 중심으로 설명하겠습니다.

(CPU) 먼저 CPU입니다. 이전 모델에 탑재되었던/싱글코어를 멀티코어로 변경하였습니다. 우리가 이사를 할 때/차량을 부릅니다. 예를 들어 2톤 차량 한 대로 이삿짐을 옮기는 것과 2톤 차량 두 대로 이삿짐을 옮기는 것은 속도면에서 분명 차이가 날 것입니다. 이와 비슷하게 멀티코어는/싱글코어에 비해 적어도 두 배 이상의 빠른 처리가 가능하므로 게임이나 3D 영상 등을 끊김 없이 볼 수 있습니다.

(RAM) 다음은 RAM입니다. 동급 사양 모델들은/8GB를 탑재한 반면 저희 제품은/16GB를 탑재했습니다. 음식을 만들 때에 비유하면 도마의 크기가 다르다고 생각하면 됩니다. 도마가 넓으면 오이를 썬 다음 옆의 공간에 치워두고 이어서 양파를 썰 수 있습니다. 그런데 도마가 작다면 오이를 용기에 옮겨야 다시 도마 위에 양파를 올려 썰 수 있을 것입니다. 이와 같은 차이가 속도의 차이를 만듭니다. RAM의 용량이 충분하기 때문에 중단없이 빠른 시간에 원하는 작업을 할 수 있습니다.

(SSD) 저장 공간인 SSD는/데이터 전송 속도가 HDD에 비해 거의 10배까지 빠릅니다. 게다가 동급 사양의 경우/128GB 또는 256GB가 탑재되는 반면에 저희 제품은 512GB의 충분한 공간을 제공합니다. 예를 들어 김치 냉장고가 두 대 있는데/하나는 128리터 용량이고 다른 하나는 512리터 용량이라고 생각하시면 됩니다. 어느 냉장고에 더 많은 김치를 보관할 수 있는지 뻔한 것처럼 저장 용량이 크면 더 많은 파일을 저장할 수 있습니다.

이처럼 저희 제품은 동급 대비 최고 사양이라는 것을 자신 있게 말씀드립니다.

FAB 화법

회사의 상품/서비스를 판매하는 분이나 제품을 고객에게 제안하는 분과 작업할 때 많이 사용하는 화법 중 하나를 소개하겠습니다.

FAB 화법은 상품과 서비스의 속성을 기반으로 혜택을 만드는 일련의 과정입니다. 화법이라고도 하고 공식이라고도 부릅니다. 사실 FAB 화법은 설명 보고보다 제안 발표에서 더 많이 활용됩니다.

FAB 화법이라는 명칭은 속성(Feature), 장점(Advantages), 혜택(Benefits)의 앞 글자를 따서 만든 것입니다.

상품이나 서비스의 속성(기능)만으로는 상대방을 설득하기에 부족합니다.

"저희 회사의 노트북 제품은 두께가 1.3cm밖에 되지 않습니다. 경쟁사 제품과는 비교가 되지 않습니다."

노트북의 휴대성이 강조되면서 얇은 두께와 가벼움이 매력적인 요소로 등장했습니다. 그러나 두께나 무게만 기준으로 상품을 구매하는 경우는 드물며, 마찬가지로 속성이나 기능만으로 판단하기에도 아쉬움이 있습니다. 사용자는 자신의 생활 패턴이나 환경에 맞는 차별적인 요소를 원합니다. 속성이나 기능은 다른 상품이나 서비스보다 비교 우위의 차별적 요소를 만들어낼 수 있으며, 그것이 바로 '장점'입니다. 장점은 사용자가 얻고자 하는 것을 충족시킬 수 있는 요소가 됩니다. 사용자가 원하고 얻고자 하는 결과가 바로 '혜택'입니다. 혜택이 구체적으로 제시된다면 사용자의 행동에 변화가 생길 확률이 자연스럽게 높아집니다. 그러나 사용자는 "우리가 어떻게 당신의 말에 확신을 가질 수 있을까요?"와 같이 보고자가 제시하는 혜택에 대해 의심을 가질 수 있습니다. 따라서 혜택을 확실하게 보장받을 수 있다고 믿을 수 있는 '근거'를 제시한다면 사용자는 안심하고 우리의 제품과 서비스를 받아들일 것입니다.

자동차의 파워 핸들(스티어링)을 예로 살펴보겠습니다. 파워 핸들의 속성으로는 공기압과 유압의 유지, 조정량과 조향 능력 등을 이야기할 수 있습니다. 그렇다면 파워 핸들의 장점은 무엇일까요? '핸들 조작이 유연한 것'이 장점입니다. 핸들 조작이 유연함으로써 얻을 수 있는 혜택은 '좁은 공간에서 주차가 편리한 것'이며, 이는 특히 초보 운전자에게 유리합니다. 이와 같이 FAB를 통해 [속성 – 장점 – 혜택]을 제시하면 이야기의 흐름도 자연스러워지는 것을 볼 수 있습니다.

이번에는 알루미늄관을 소개하는 보고 내용을 구성해보겠습니다.
알루미늄관의 비교 대상은 철근관입니다. 철근관과 비교해 알루미늄관을 사용했을 때 고객이 얻는 혜택은 무엇일까요? 보고 구조를 다음 그림과 같이 정리해보았습니다.

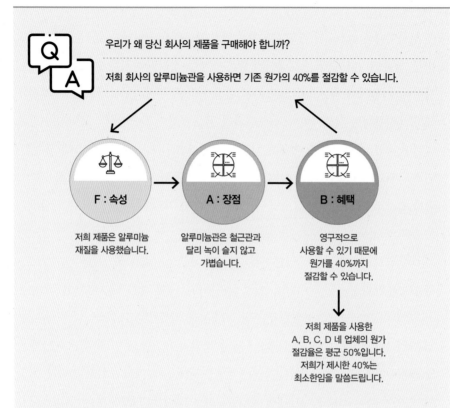

우리가 왜 당신 회사의 제품을 구매해야 합니까?

저희 회사의 알루미늄관을 사용하면 기존 원가의 40%를 절감할 수 있습니다.

F : 속성

저희 제품은 알루미늄 재질을 사용했습니다.

A : 장점

알루미늄관은 철근관과 달리 녹이 슬지 않고 가볍습니다.

B : 혜택

영구적으로 사용할 수 있기 때문에 원가를 40%까지 절감할 수 있습니다.

저희 제품을 사용한 A, B, C, D 네 업체의 원가 절감율은 평균 50%입니다. 저희가 제시한 40%는 최소한임을 말씀드립니다.

알루미늄관의 속성은 관이 철이 아닌 알루미늄으로 되어 있다는 것입니다. 여기에 관의 두께, 직경, 길이 등이 속성에 포함됩니다. 알루미늄관의 장점은 철관에 비해 가볍고, 녹이 슬지 않는다는 것입니다. 따라서 알루미늄관을 사용함으로써 얻을 수 있는 혜택은 녹이 슬지 않으므로 교체 주기가 길어지고, 교체 주기가 길어지기 때문에 비용이 적게 든다는 것입니다. 이를 정리하면 이전 대비 40% 가량의 원가를 절감할 수 있다는 것을 납득시킬 수 있습니다.

알루미늄관의 속성과 기능만 듣고 구매를 결정하지는 않을 것입니다. 그러나 알루미늄관을 사용하면 원가를 40% 절감할 수 있다는 말은 청중에게 관심과 호기심을 불러 일으키기 충분합니다. 그렇다면 원가를 40% 가량 절감할 수 있다는 것은 어떻게 증명할 수 있을까요? 이때 실적(Reference)이 필요합니다.

"귀사와 비슷한 규모의 A사, B사, C사를 비롯한 16개 업체에 저희 알루미늄관이 시공되었습니다. 16개 업체의 평균 원가 절감액을 비교한 결과, 철근 시공 시기에 비해 50% 가량의 비용 절감 효과가 있었음을 확인했습니다. 따라서 저희 알루미늄관을 사용하시면 적어도 40% 이상의 원가를 절감할 수 있다는 것을 확실하게 말씀드립니다."

보고자가 제시하는 혜택에 근거가 보충되지 않는다면 추정치에 불과합니다. 추정된 결과치가 놀랄 만한 수준이라면 청중은 '저 사람 사기꾼이 아닐까?'라고 생각할 수밖에 없습니다. 하지만 근거를 명확하게 제시하면 청중은 안심하고 우리 제품과 서비스를 선택할 것입니다. 그러므로 혜택을 증명하는 근거까지 명확하게 제시해야 합니다.

설명 보고는 어떤 일이나 내용을 상사나 고객이 이해할 수 있도록 전달하는 보고 형태입니다. 설명을 잘하려면 첫째, 보고자가 충분한 정보를 알고 있어야 하며, 둘째, 사실대로 설명해야 하고, 셋째, 쉽고 정확한 표현을 사용해야 합니다.

▶ 실행을 전파하는 계획 보고

계획 보고는 목표 달성을 위해 업무를 추진하는 구체적인 절차 · 방법 · 일정 등을 보고하거나 결정된 계획을 다른 부서와 공유하는 데 쓰이며, 업무의 목표나 추진 방향을 명확하게 파악하고 확인할 수 있게 구성해야 합니다.

▶ 성과를 전달하는 결과 보고

결과 보고는 맡은 업무나 직급에 따라 특정한 업무의 결과가 어떻게 되었는지 보고하는 것을 말합니다. 내용은 지금까지의 업무 결과이며, 계획을 비교 · 분석해 제시할 수도 있습니다. 또한 향후 업무 진행에 참고할 수 있도록 업무 중에 부딪힌 장애 요인이나 해결되지 않은 문제를 보고하기도 합니다.

▶ 혜택을 전달하는 상품/서비스 보고

상품/서비스 보고에는 새로운 상품/서비스에 대해 설명하고 장점 및 사용자 혜택 등을 알리는 기획형 보고와 상품의 특징 · 기능 · 속성 등을 소개하는 설명형 보고가 있습니다. 상품/서비스 보고는 설득을 목적으로 하는 기획형과 이해를 목적으로 하는 설명형의 경계를 넘나드는 경우가 대부분이며, 상품/서비스의 특징이 잘 이해되도록 전달해야 합니다.

요청 보고

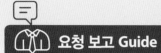
要請 요긴하게 청함. 필요한 어떤 일이나 행동을 청함. 또
는 그런 청

要(요긴할 요) 請(청할 청)

요청 보고는 업무를 추진하는 과정에서 원활한 업무 소통을 위해 우리의 입장이나 요구를 전달해 상대방의 대응을 유도하는 보고입니다. 이를 통해 업무를 효율적으로 진행하고 목표로 삼은 효과를 달성하는 것이 목적입니다. 업무와 관련해 다른 회사, 정부부처나 공공기관 또는 행정 부서나 다른 부서와 함께 일을 해야 하는 경우에 많이 활용합니다.

요청 보고는 업무상 협조를 구하는 내용이기 때문에 내용만 보고도 무엇을 요청하는 것인지 명확하게 알 수 있어야 합니다. 그러므로 육하원칙을 활용해 필요한 내용만 정확하게 구성하는 것이 좋습니다.

애매모호하거나 과장된 표현은 피하고 쉬운 용어를 사용해야 합니다. 누구나 이해할 수 있는 용어를 사용해야 내용이 확실하게 전달되기 때문입니다. 또한 최대한 짧고 간결하게 구성해야 협조 사항을 기억할 확률이 높아집니다.

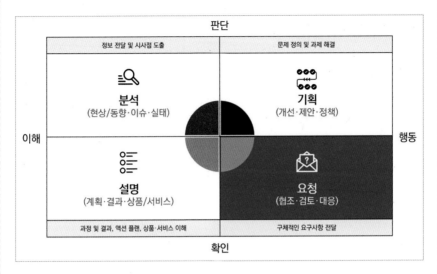

▲ 요청 보고

요청 보고의 목적은 업무 효율을 높이는 것이므로 상대방이 무엇을 해야 하는지, 그리고 왜 그렇게 해야 하는지를 정확하게 알려야 합니다. 여기서는 요청 보고를 협조(지원) 보고, 검토 보고, 대응 보고로 구분해서 살펴보겠습니다.

요청 보고는 협조전과 같은 문서로 전달하고 결과도 문서로 받는 경우가 많습니다. 그러나 업무의 편의상 구두로 의사소통을 하는 경우도 많으므로 구두로 전달하는 과정도 사례와 함께 살펴보겠습니다.

행동을 촉구하는 협조 보고
: 협조 이유와 협조 행동이 드러나야 한다

협조 보고는 의사결정권자의 요구에 의해 혹은 부서 간의 합의에 의해 공동으로 추진하는 업무 진행에 필요한 보고입니다. 즉 효율적인 업무 수행을 위해 의견을 교환하거나 업무상의 특정한 요청을 할 때 활용합니다. 상황의 변화로 인해 각 부서나 개인에게 부여된 업무 착오를 없애고, 효율적으로 업무를 진행함으로써 목표를 달성하기 위해 필요한 통합적 노력이라고도 할 수 있습니다.

협조 보고의 핵심은 상대방이 구체적으로 무엇을 해야 하는지를 정확히 전달하는 것입니다. 물론 왜 그렇게 해야 하는지를 설명하는 것 또한 중요합니다. 다음과 같은 순서로 보고를 진행하는 것이 일반적입니다.

---

1) 출처 : 국무조정실, 보도/해명자료, [모두발언] 코로나19 중대본회의(5.3.), 2020.5.3.
   https://bit.ly/3aUF48W

프로세스	
오프닝	• 그간의 성과, 노고에 대한 감사, 배경 설명
무엇을(What)	• 각 조직, 부서, 개인이 해야 할 일 또는 업무
왜(Why)	• 그 일 또는 업무를 해야 하는 이유
어떻게(How)	• 각 조직, 부서, 개인이 실천해야 할 세부적인 행동
클로징	• 해야 할 일의 강조, 당부, 새로운 다짐

▲ 보고 프로세스

2020년은 코로나19가 지배했다는 말이 있을 정도로 강력한 팬데믹(Pandemic) 공포에 전 국민이 두려워한 시기였습니다. 코로나19에 대응해 '사회적 거리 두기'에서 '생활 속 거리 두기'로 전환함에 따라 각 부처와 국민의 협조를 구하는 국무총리의 모두발언[1]을 협조 보고의 사례로 들겠습니다. 국무총리의 모두발언을 보고의 순서에 따라 정리하면 다음과 같습니다.

코로나19 중앙재난안전대책본부 회의

- 2020. 5. 3. 정부서울청사 -

Step 1. 오프닝

당초 예정했던 사회적 거리 두기 종료일이 이틀 앞으로 다가왔습니다. 높은 투표율을 기록한 국회의원 총선거 이후 18일이 지났음에도 지역사회 감염이 소수로 유지되고 있고, 집단 발생도 큰 폭으로 줄었습니다. 아직 대·내외 위험은 여전하지만 대체로 방역망 내에서 통제되고 있다는 것이 방역 당국의 평가입니다. 이처럼 목표했던 성과를 달성할 수 있었던 것은 사회적 거리 두기에 적극 동참해주신 국민 여러분 덕분입니다. 감사드립니다.

Step 2. 무엇을(What)

이제 국민들께서 보여주신 높은 시민의식을 바탕으로, 생활 속 거리 두기로 이행하려 합니다.

Step 3. 왜(Why)

그렇게 할 수 있는 여건이 마련되었다는 것이 많은 전문가와 지자체, 지역 주민들의 의견이기도 합니다.

Step 4. 어떻게(How)

4-1) 수요일인 5월 6일부터는 그동안 문을 닫았던 시설들의 운영을 단계적으로 재개하고, 모임과 행사도 방역 지침 준수를 전제로 원칙적으로 허용하겠습니다. 주요 밀집 시설들에 대한 중앙정부 차원의 행정명령은 권고로 대체하겠습니다. 다만, 지자체별로는 여건에 따라 행정명령을 유지할 수도 있을 것입니다.

4-2) 아이들의 등교 수업도 순차적으로 추진하겠습니다. 구체적인 등교 수업 시기와 방법에 대해서는 내일 교육부장관이 말씀드리도록 하겠습니다.

4-3) 아울러, 현재와 같이 안정적인 상황이 유지된다면, 복지부와 질병관리본부에서는 위기 단계를 조정하는 방안도 논의해주시기 바랍니다.

Step 5. 클로징

이러한 변화가 위험이 없어졌다거나, 안심하고 일상생활을 해도 된다는 신호로 잘못 받아들여져서는 절대로 안 되겠습니다. 더 이상 사회적 비용과 경제적 피해를 감수할 수 없기 때문에 어느 정도 방역상의 위험을 감수하면서 경제·사회활동을 재개하는 절충안일 뿐입니다. 따라서, 우리 모두의 생활 속에서 거리 두기는 계속 철저하게 지켜져야 합니다. 그런 의미가 '생활 속 거리 두기'인 것입니다.

많은 국가가 경제적·사회적 제한 조치를 완화하고 있지만, 일상과 방역의 조화는 아직 어느 나라도 성공하지 못했습니다. 지금과 같이 국민 여러분의 참여와 협조가 뒷받침된다면, K-방역이 세계의 모범이 됐듯이 생활 속 거리 두기에서도 세계가 주목하는 모델을 만들어낼 수 있을 것이라고 믿습니다. 오늘 발표하는 지침이 여전히 생소하고 시행 과정에서 혼선도 있을 수 있겠지만, 계속해서 의견을 수렴하며 보완해나가겠습니다. 국민 여러분께서 자발적으로 참여하실 수 있도록 제도적 지원도 아끼지 않을 것입니다. 새로운 발길을 내딛는 대한민국의 도전에 다 함께 동참해주시기 바랍니다.

각 단계별로 어떤 내용이 전개되었는지 분석해보겠습니다.

Step 1. 오프닝에서 업무 추진 목적과 배경 설명하기

도입은 업무를 진행해온 기간에 얻은 성과나 노고에 대한 감사로 시작하는 경우가 많습니다. 새로 추진하는 업무인 경우에는 해당 업무를 추진하는 목적이나 배경을 설명하는 것이 좋습니다. 사례에서는 방역 활동에 대한 전문가의 긍정적인 평가와 국민에 대한 정부의 감사 인사로 시작하고 있습니다.

오프닝은 반드시 필요한 요소는 아니므로 곧바로 본론으로 전개해도 무방합니다. 그러나 업무 중간의 협조가 아니라 새로운 업무를 시작하는 단계라면 상대방이 갖고 있을 "왜 우리가 이 업무에 협조해야 하지?"라는 질문을 해소해주는 것이 필수입니다. 이와 같은 질문에 답변할 수 있는 위치로 오프닝이 가장 적절합니다. 왜 해야 하는지를 모르면 무엇을 해야 하는지에 관심을 갖지 않기 때문입니다.

Step 2. 무엇을 해야 하는지 수행 방안 제시하기

이 단계에서는 각 조직, 부서, 개인이 해야 할 일 또는 업무가 무엇이고 어떤 것을 협조해야 하는지 구체적으로 전달합니다. 여기서는 해야 할 일을 '생활 속 거리 두기 이행'으로 정확하게 제시하고 있습니다. 이는 보고의 리드 메시지로 볼 수 있습니다. 주의해야 할 점은 리드 메시지로 끝나서는 안 된다는 것입니다. 구체적인 업무 수행 방안을 반드시 제시해야 합니다.

Step 3. '왜'에 관한 근거 제시하기

사람들은 이유를 모르면 납득하지 않고 행동으로 옮기지 않습니다. 게다가 협조를 요청하는 상황에서는 주무 부서나 담당자가 아니라면 더더욱 움직이지 않을 것입니다. 따라서 협조 상황에서 그 일 또는 업무를 해야 하는 이유를 밝히는 것이 중요하므로 '왜(Why)' 항목은 누락되면 안 됩니다. 사례에서는 전문가와 행정기관, 국민의 의견이라는 짧은 이유를 제시했습니다. 이미 사회적 거리 두기를 통해 공감대가 충분히 형성되어 있기 때문에 짧게 이유를 제기한 것으로 판단할 수 있습니다. 업무 상황에서는 좀 더 구체적이고 명백한 이유를 제시해야 합니다.

Step 4. 어떻게 해야 하는지 세부 행동 제시하기

"제가 무엇을 하면 되나요?"라는 질문에 대한 대답입니다. 각 조직, 부서, 개인이 실천하고 진행해야 할 세부 행동을 제시합니다.

사례에서는 생활 속 거리 두기에 맞게 문을 닫았던 시설 운영 재개 허용, 학교의 등교 수업 순차적 추진, 그리고 보건복지부와 질병관리본부의 위기 단계 조정 방안을 제시할 것을 해당 부처에 요청하고 있습니다. 공교롭게도 세 가지로 정리되었습니다. 국무회의에서의 모두발언이기 때문에 국민의 행동 수칙을 구체적으로 제시하지는 않았습니다. 대국민 브리핑이었다면 다음 내용[2]이 포함되었을 것입니다.

Step 5. 당부와 다짐의 말로 마무리하기

마무리 단계에서는 해야 할 일을 강조하고 참여와 협조를 당부하거나 새로운 일을 시작하는 다짐 등을 언급합니다. 사례에서는 '생활 속 거리 두기는 코로나19 위험이 사라진 것이 아니라 국민이 겪는 피해가 너무도 크기 때문에 위험을 감수하는 절충안'이라는 것을 말하고 있습니다. 따라서 우리 모두 생활 속에서 거리 두기를 계속 철저히 지켜야 달라는 당부의 말로 마무리합니다.

클로징은 감성적으로 마무리하는 것이 좋을 때도 있습니다. 물론 이성적인 마무리도 괜찮습니다. 마무리를 어떻게 하든 상대가 무엇을 해야 하는지를 정확히 전달받도록 합니다.

---

2) 출처 : 대한민국 정부 네이버 포스트 https://bit.ly/35ry0N2

타당성을 확인하는 검토 보고
: 목적 및 검토 내용이 드러나야 한다

검토는 계획한 과제의 시행이 가능한지 여부를 관련 사실이나 내용을 조사해 따지는 과정으로, 초기에 오류를 발견하는 것을 목적으로 합니다. 타당성 검토라고도 합니다. 검토 주체는 과제를 요청한 기관이나 개인이며, 전문 집단이나 전문가에게 요청해 별도로 실시하기도 합니다.

검토 항목은 업무에 따라 다양합니다. 따라서 검토 보고에서는 구체적으로 무엇을 검토해야 하는지, 왜 검토를 해야 하는지 사유를 명확하게 정리해 보고하거나 요청하는 것이 가장 중요합니다.

K사에서는 대표이사의 지시로 화상회의 소프트웨어를 신규로 도입하고자 합니다. 본사와 해외 지사 간의 업무 소통을 위해 그동안 사용해온 커뮤니케이션 채널이 적합하지 않다는 의견이 있기 때문입니다. 구체적인 업무 지시 내용은 다음과 같습니다.

최근 사세 확장의 일환으로 해외지사를 설립하고 공격적인 활동을 하고 있습니다. 본사와 해외지사 간 화상회의를 통해 긴급하게 처리해야 할 업무들을 주기적으로 협의하고 있습니다. 그런데 시차와 상관없이 현재 우리 회사가 가용하고 있는 화상회의 소프트웨어는 끊김 현상이 심합니다. 그리고 해외 주재원들이 업무 보고 자료를 화상으로 공유할 때 기능이 복잡하고 여러 명이 동시에 얘기할 때는 누가 얘기하는지 확인하기 어려워 불편함이 많습니다. 마침 신사옥이 건립되어 이전을 앞두고 있는 상황이니 신사옥 화상회의실은 사용자가 편리하게 사용할 수 있는 인터페이스와 끊김 증상이 없는 안전성을 갖춘 새로운 소프트웨어를 선정해주기 바랍니다. 외부 전문가의 검토 의견과 내부 사용자의 파일럿 테스트 결과를 반드시 확보해주세요.

업무를 지시 받은 담당자는 시중에 있는 화상회의 소프트웨어를 조사하고, 여러 가지 소프트웨어 중 사용자가 많고 평판이 좋은 세 개를 선정했습니다. 외부 전문가와 내부 사용자를 대상으로 검토 요청을 하기 위해 검토 의뢰서를 먼저 작성했습니다. 이 검토 의뢰서를 기초로 하여 1분 검토 보고 내용을 작성해봅니다.

검토 의뢰서에는 검토 배경과 현재 사용 현황, 검토를 의뢰하는 화상회의 소프트웨어 3종과 검토 사항 및 테스트 일정을 정리했습니다.

검토 의뢰서

수신	피티아, 아이햄스터, 스몰투빅, SOG, 인브리프
참조	IT운영팀장

다음과 같이 검토를 의뢰합니다.

검토 내용	화상회의 소프트웨어 3종 사용자 테스트 요청

	내용	비고
세부 내용	**1. 배경 및 필요성 : 대표이사 업무 지시** – 신사옥 이전과 함께 설치할 소프트웨어 검토 – 기존 소프트웨어의 연결성 및 안정성 등의 문제점 개선 – 사용 편의성 및 사용 경험 만족도 개선 **2. 회상회의 현황** – 용도 : 주간/월간 업무 공유, 실적 회의, 비상 시 대응책 회의 등 – 횟수 : 월 13회/회당 평균 4시간 소요(월 52시간 사용 간주) – 대상 : 사업부, 부문, 법인 – 인원 : 15명~20명 **3. 테스트 회상회의 소프트웨어** – A사 제품 : 해외업체, 가장 오래된 화상회의 소프트웨어 보유 – B사 제품 : 해외업체, 국내외 화상회의에서 가장 많이 사용 – C사 제품 : 국내업체, 최근 사용자 급증 **4. 테스트 검토 사항** – 화면 : Full 화면, 문서 공유 화면, 빔 투여 화면 – 통신 : 속도, 안정성 – 접근성 : 노트북, 태블릿, 스마트폰 등 쉽게 사용 **5. 테스트 일정** – 2020년 9월 1일~2020년 9월 15일 – 첨부 파일 양식 제출	
특이 사항	***테스트의 한계** – 소프트웨어와 하드웨어와의 호환성 문제 제외 – 외부망 테스트 결괏값이 내부망에 적용되었을 때의 변수(속도, 호환성 등) 제외	

아이디어 시각화 도구인 '구글 잼보드(Jamboard)'를 활용해 보고 내용을 구조화해보 겠습니다.

구글 잼보드(Jamboard) 도구를 활용해 보고 패턴 정리하기

구글 잼보드(http://jamboard.google.com)는 화이트보드 방식의 아이디어 시 각화 도구입니다. 대화형 캔버스를 활용해 아이디어를 자유롭게 스케치할 수 있 어 누구나 쉽게 활용할 수 있습니다. 이미지, 스티커, 메모 등을 삽입할 수 있고, 웹이나 스마트 디바이스 앱에서 팀원과 공동 작업을 할 수 있습니다. 구글 문서, 스프레드 시트 파일, 프레젠테이션 파일을 가져오거나 드라이브에 저장된 사진을 추가할 수 있고, 실시간 공동 작성이 가능하므로 팀원과 아이디어를 함께 만들고 작업을 공유할 수 있어서 협업에 매우 유용합니다.

잼보드는 웹페이지에서 사용할 때는 문제가 없지만 스마트 디바이스 앱에서는 한 글 지원이 안 될 수 있습니다. 이번 보고에서는 잼보드를 다이어리 형태의 필기도 구로 활용하여 페이퍼리스(Paperless) 형태로 사용해봅니다. 잼보드에서 손이나 디지털 펜을 활용해 필기하면서 보고 내용을 구조화합니다. 전개 방식은 앞에서 살펴본 5단계 프로세스를 사용합니다.

Step 1. 검토해야 하는 질문에 맞는 답변 도출하기

검토 보고의 질문은 "무엇을 검토해야 합니까?"로 모두 동일합니다. 검토를 요청받는 이들의 입장에서는 당연한 질문입니다.

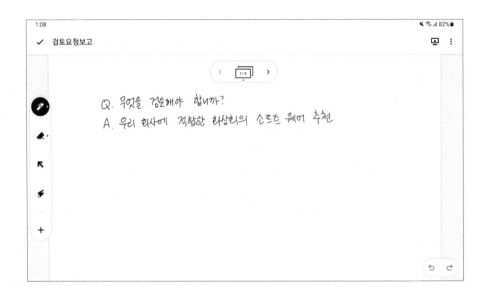

지배 메시지는 검토 대상인 화상회의 소프트웨어 세 개 중 검토 요청 회사에 가장 적합한 하나의 소프트웨어를 추천한 후 선정하는 것입니다.

Step 2. 검토 목적이 드러나는 목차 구성하기

검토 보고의 목차는 "무엇을 검토해야 하는가?", "무엇 때문에 검토해야 하는가?", "구체적으로 어떤 것들을 검토해야 하는가?"가 일반적인 전개일 것입니다. 결국 What, Why, How의 구성입니다. 또는 검토 내용에 따라 '배경 및 필요성', '구체적인 문제점', '개선 방향 또는 개선 방안'의 전개도 활용할 수 있습니다.
화상회의 소프트웨어 검토의 목차는 [검토 목적 – 검토 내용 – 검토 항목]의 전개로 구성해봅니다.

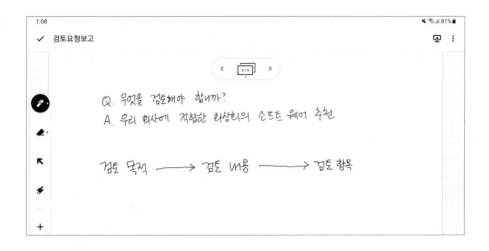

Step 3. 체크리스트를 활용한 메시지 도출하기

'검토 목적'은 대표이사의 지시사항이라는 배경으로도 충분합니다. 첨언한다면 기존 화상회의 소프트웨어의 불편함이 검토를 요청하게 된 직접적인 목적이 될 것입니다. '검토 내용'은 보고자가 조사해 선정한 화상회의 소프트웨어 세 개를 비교하여 하나를 추천하는 것입니다.

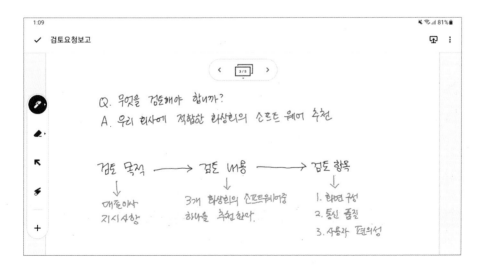

'검토 항목'에는 보고자가 구성한 체크리스트를 활용합니다. 화면 구성, 화질, 전체 화면 활용도를 확인하고, 인터넷 접속 환경에 따라 끊김 현상이 발생하지 않는지, 디바이스 활용 능력이 떨어지는 직원도 쉽게 접속해 사용할 수 있는지 등을 검토합니다. '검토 항목'에는 보고자가 제시한 정량적 검토와 더불어 검토자의 주관적인 검토 사항을 추가로 반영할 수도 있습니다.

Step 4. 검토 보고에 어울리는 분류 패턴 선택하기

이번 검토 보고의 목차인 '검토 목적'과 '검토 내용'은 단답형 대답으로 항목의 메시지가 도출되므로 패턴이 필요하지 않습니다. 패턴은 목차의 항목이 두 개 이상으로 구성될 때 사용합니다. 이번 보고에서는 '검토 항목'만 항목이 두 개 이상이기 때문에 분류 패턴을 적용하고, 항목이 한 개인 '검토 목적'과 '검토 내용'에는 패턴을 적용하지 않습니다.

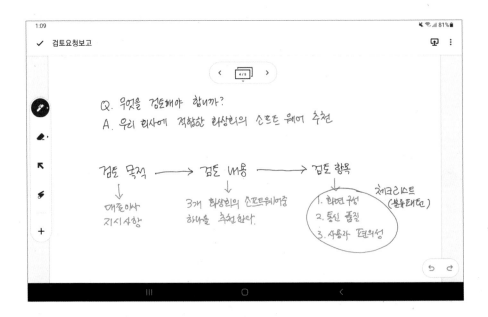

Step 5. 1분 보고 스크립트 작성하기

검토 보고의 핵심은 무엇을 검토해야 하는지와 어떤 방식으로 검토하면 되는지를 정확하게 전달하는 것입니다. 보고자가 검토를 마무리했으면 당연히 검토 보고를 하게 됩니다. 이때 지시자인 대표이사가 원하는 항목들을 모두 검토할 수 있도록 요청 단계에서 누락된 내용은 없는지 확인하는 것이 중요합니다.

다음 그림은 잼보드에 작성한 보고 내용에 대상과 중요 내용을 스티커로 표시한 모습입니다.

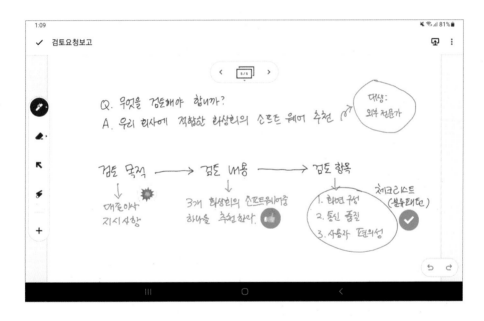

이상과 같이 화상회의 소프트웨어 검토 요청에 따른 검토 의견(보고서)을 종합한 결과를 다음과 같이 구성해 종합보고 및 의사결정을 수행합니다. 이제 검토 보고 스크립트를 구성해보겠습니다.

화상회의 소프트웨어 검토의견

— A사 제품 · B사 제품 · C사 제품

검토 의견 종합

종합 의견

각 소프트웨어별 기능과 성능을 비슷하게 제공하나, 업무용 화상회의에는 A사 제품을 추천함

	1위 A사 제품	2위 B사 제품	3위 C사 제품
요약	화상회의에 필요한 기능 제공 업무용 화상회의에 가장 적합	크롬 브라우저 안에서만 동작하여 확장 화면 (모니터 2개 이상)에서 활용도가 떨어짐	문서 공유 기능이 없어 발표자에 의한 문서 내 페이지 이동만 기능(발표 권한 부여가 어려움)
특징	• 화상회의 시스템 마켓쉐어 52% • 온라인 페이지에서 회의 예약일정 및 녹화파일 관리 • Office 365 등 다양한 계정과 연동 • 다양한 방식(PC, 모바일, 전화 등)으로 회의접속 가능 • 회의 전용 H/W 구성 가능	• 별도 소프트웨어 설치없이 사용 가능 • 회원 가입 없이 사용 가능 • 국내 서비스로 지원 받기 용이 • 회의실 만들 때 화질 선택 가능 • 일정 규모 이상인 경우 관리자 모드 지원	• 최근에 사용이 급증한 화상회의 도구 • 가입없이 바로 사용 가능 • 최대 10,000명 시청 가능한 on-demand 서비스 • 사용자 편의성에 맞춘 업그레이드가 자주 진행됨
장점	• 타사 대비 다양한 콘텐츠 공유 기능 제공 • 레이아웃 변경, 회의 녹화 등 부가기능 우수 • 호스트에 의한 참석자별 권한 부여 설정 가능	• 타사 대비 화질이 우수함 • 브라우저(크롬)에서 접속가능해 접근성 높음 • 회의특 같은 꼭 필요한 부가서비스만 제공	• 별도가입 없이 호스트가 제공한 URL로 사용가능 • 회의 참석자의 반응 보이기 기능 (스티커) 제공 • 비교 소프트웨어 보다 화면이 심플함 • 발표자 배경화면 변경 가능
단점	• 비디오 화질 선택 권한 없으며 다른 소프트웨어에 비해 화질이 떨어져 보이는 경우가 있음 • 多부가기능이 사용자에게 복잡하게 느껴질 수 있음	• 크롬 브라우저만 지원 • 회의참석 인원 제한(최대 30명) • 문서는 별도의 문서 공유로만 가능 • 모니터 2개 사용 시 화면 분할 제공 안됨	• 무료 버전 40분으로 제한 • 문서 공유 기능이 제공되지 않음 • 화면을 일방적으로 제공하는 강의, 교육에 적합함

기능별 테스트 결과

기본 기능

테스트 항목		A사 제품				B사 제품				C사 제품			
		온라인	테스터	사용자	평균	온라인	테스터	사용자	평균	온라인	테스터	사용자	평균
기본 기능	화상회의 인터페이스	10	10	8	9.3	6	10	8.5	8.2	6	8	8	7.3
	화상회의 화질 / 음질	7	8	6.5	7.2	7	8	8.5	7.8	8	8	7.5	7.7
	화면공유 딜레이	7	8	8.5	7.8	8	8	8.5	8.2	8	8	8.5	8.2
	화면공유 화질 / 음질	6	8	8	7.3	7	8	9	8.0	8	8	9	8.3
총점		30	34	31	31.6	28	34	34.5	31.9	30	30	34.5	31.5
기본 기능 평균		31.7			7.90	32.1			7.97	31.5			7.87

* 맞춤 기능

테스트 항목		A사 제품				B사 제품				C사 제품			
		온라인	테스터	사용자	평균	온라인	테스터	사용자	평균	온라인	테스터	사용자	평균
화면	화상회의 Full 화면 지원	-	8	5.5	6.8	-	8	6.5	7.3	-	8	7.5	7.8
	문서도구 Full 화면 지원	-	8	9.5	8.8	-	8	9	8.5	-	8	8	8.0
	사용자 화면 선택 및 변경	-	8	9.5	8.8	-	8	8	8.0	-	4	7	5.5
	문서 내 페이지 이동	-	8	8.5	8.3	-	8	8.5	6.3	-	6	7.5	6.8
	발언자 클로즈업	-	10	5	7.5	-	10	5	6.5	-	8	9	8.5
접근성	사용자 접근 편의성	-	10	8.5	9.3	-	10	9.5	8.8	-	8	6	7
총점		-	52	46.5	49.5	-	52	46.5	45.4	-	42	45	43.6
사내 맞춤 기능 평균		49.25			8.25	49.25			7.56	43.5			7.26

기능별 테스트 종합

테스트 항목			A사 제품				B사 제품				C사 제품			
			온라인	테스터	사용자	평균	온라인	테스터	사용자	평균	온라인	테스터	사용자	평균
기본 기능		화상회의 인터페이스	10	10	8	9.3	6	10	8.5	8.2	6	8	8	7.3
		화상회의 화질 / 음질	7	8	6.5	7.2	7	8	8.5	7.5	8	8	7.5	7.7
		화면공유 딜레이	7	8	8.5	7.8	8	8	8.5	8.2	8	8	8.5	8.2
		화면공유 화질 / 음질	6	8	8	7.3	7	8	9	8.0	8	8	9	8.3
* 맞춤 기능	화면	화상회의 Full 화면 지원	-	8	5.5	6.8	-	8	6.5	7.3	-	8	7.5	7.8
		문서도구 Full 화면 지원	-	8	9.5	8.8	-	8	9	8.5	-	8	8	8.0
		사용자 화면 선택 및 변경	-	8	9.5	8.8	-	8	8	8.0	-	4	7	5.5
		문서 내 페이지 이동	-	8	8.5	8.3	-	8	8.5	6.3	-	6	7.5	6.8
		발언자 클로즈업	-	10	5	7.5	-	10	5	6.5	-	8	9	8.5
	접근성	사용자 접근 편의성	-	10	8.5	9.3	-	10	9.5	8.8	-	8	6	7.0
총점			30	86	77.5	81.1	28	77	81	77.3	30	72	79.5	75.1
기능 테스트 종합 평균			64.5			8.1	65.0			7.73	60.5			7.51

(과제) 바쁘신 와중에 참석해주셔서 감사드립니다. 오늘은 외부 전문위원들께/당사 신사옥 이전 후 화상회의에 사용할 소프트웨어로 어떤 것이 적합한지 검토 의뢰를 드리고자 모셨습니다.

(배경) 기존에 사용하던 화상회의 소프트웨어 X 제품은/해외에서 연결이 잘 되지 않고, 연결되더라도 자주 끊기는 현상이 발생해 안정성이 떨어집니다. 또한 인터페이스나 기능 사용이 복잡해/회의 진행 시 참석자들이 어려움을 겪어 불필요한 시간을 소모하는 경우가 많았습니다. 이에 대표이사 지시사항으로 신사옥 이전과 함께 화상회의 소프트웨어를 변경하고자 합니다.

(현황) 당사는 해외법인 및 사업부, 부문 팀장 20명 내외의 인원이 4시간 정도의 주간 및 월간 회의를 화상으로 진행하고 있습니다.

(검토 요청) 전문위원들께서/테스트할 화상회의 소프트웨어는 세 개로, 각각 A사 제품, B사 제품, C사 제품입니다. 테스트 시 유인물의/체크리스트를 참조하시어 화면 구성, 통신 속도 및 안정성, 사용자 접속 환경에 따른 접근성 및 편의성을 검토해주시기 바랍니다.

(일정) 테스트는 앞으로 2주 동안 진행하고 9월 15일 17시까지 체크리스트와 검토 내용을 문서로 전달해주시기 바랍니다.

이상입니다. 궁금한 점이 있으신 분은 질문해주십시오.

(당부) 당사의 원활한 화상회의 운영을 위해 전문위원님들의 기탄 없는 검토의견 부탁드립니다. 감사합니다.

방책을 마련하는 대응 보고
: 대응 방법 및 실천 행동이 드러나야 한다

대응 보고는 특정한 일이나 사태에 대해 어떤 태도와 행동을 취해야 하는지를 결정해 알리는 보고를 말합니다. 요즘은 선제적 대응이란 말을 많이 사용하는데 이것은 결국 예방 대책을 의미합니다. 특정한 문제가 발생하기 전에 미리 예방하는 방책을 마련하는 것입니다.

대응 보고의 또 다른 의미는 발생한 문제에 대처하는 것입니다. 예방 조치를 취했음에도 불구하고 문제가 발생한 경우 해당 문제의 파급 효과가 최소화되도록 적절한 조치를 취하는 대책을 의미합니다.

예방 대책과 발생 후 대책 중 어떤 경우든 대응 보고는 관련된 사람들이 동일한 행동을 할 수 있도록 안내하는 구체적인 지침을 마련하는 것이 핵심입니다.

다음 사례는 간편식(HMR : Home Meal Replacement) 시장의 성장과 변화하는 소비자의 기호에 대처하기 위해 각 부서의 대응 방안을 요청하는 내용입니다.

업무 지시 내용을 파악해보면, 신제품 개발이 주된 목적이라고 할 수 있지만 시장 확대를 위한 각 부서별 다양한 아이디어를 기대하는 것으로 해석할 수도 있습니다.

시장과 소비자 변화에 대응 요청을 하기 위한 기초 자료를 보고서로 구성하고, 보고서 각 슬라이드의 리드 메시지를 중심으로 대응 보고 내용을 구성해보겠습니다.

1인 가구 증가에 따른 HMR 시장 대응 방안

시장 확장을 위한 전 부서 대응 요청

한국 HMR(Home Meal Replacement) 시장 성장 추이

국내 간편식 시장규모는 3년 사이 63% 성장했으며, 2022년에는 5조원에 이를 것으로 전망됨

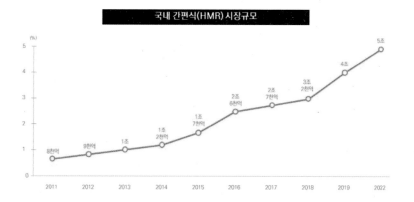

국내 간편식(HMR) 시장규모

[출처: 가공식품 세분시장 현황 보고서, 농림축산식품부·한국농수산식품유통공사, 2019.]

한국 HMR 시장 진화

한국 HMR 시장은 4세대로 본격적인 성장기에 돌입한 상태임

세대	1세대	2세대	3세대	4세대
		국내 HMR 시장 변화		
시기	80년대~2000년대 초반	2000년대 초반~2013년	2013년~2014년	2015~현재
특징	편의성	신선함, 냉장·냉동 제품	다양성·다변화	프리미엄 일상식
주요 제품	3분 요리·즉석밥	냉장식품, 냉동만두	컵밥, 국물요리, 한식반찬	유통업체PB, 콜라보레이션

[출처: 식품산업정보분석 전문기관사업보고서, 한국농촌경제연구원·서울대학교, 2018.]

한국 HMR 시장 확대 이유

간편식 시장은 가구형태와 생활 트렌드가 빠르게 변화하면서 이를 찾는 소비자들이 늘고 있음

간편식 타깃이 전 세대에 확산하는 모양새

한국 소비자는 10끼 가운데 평균 3.9끼를 혼자 먹고, '혼밥'의 41%를 간편식으로 해결

1인 가구와 맞벌이 가구 증가 편리한 라이프스타일 추구 트렌드와 맞물림

중장년층, 노인도 가정식에 준하는 맛과 품질을 갖춘 간편식 경험 인식이 바뀌어 재구매하는 경향

간편식 시장은 1인 가구의 '혼술용', 캠핑족들의 '식사 대용', 65세 이상 시니어들의 '연화식용(치아가 약하고 소화력이 약한 고령층을 위한 제품)' 등 소비자 군이 넓어지고, 인식 또한 개선됨

당사 HMR 시장 확대 방안

국내 1인 가구는 현재 29.8% 수준이며 향후에도 증가세가 계속 이어질 것으로 예측되고 있어 우선 타겟으로 선정

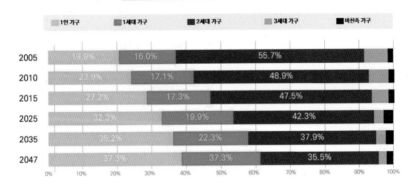

일반가구의 평균 가구원수와 세대구성

■ 1인 가구   ■ 1세대 가구   ■ 2세대 가구   ■ 3세대 가구   ■ 비친족 가구

	1인 가구	1세대 가구	2세대 가구
2005	13.9%	16.0%	55.7%
2010	23.9%	17.1%	48.9%
2015	27.2%	17.3%	47.5%
2025	32.3%	19.9%	42.3%
2035	35.2%	22.3%	37.9%
2047	37.3%	37.3%	35.5%

[출처: 통계청, 「인구주택총조사」, 1990-2015; 「장래가구추계」, 2019.]

1인 가구 간편식 구매 및 소비 형태

국내 1인 가구는 간편식 구매 및 소비 형태는 연령대 별로 차이가 있음에 주목해야 함

Point 1

20-30대 젊은 1인 가구는 간편식을 자주 구입, 40대 이상은 한 번에 몰아서 구입하는 경향이 나타남
→ 20대와 30대의 20.5%는 주 2-3회 주로 구입
→ 40대의 60%는 주 1회 구입
→ 50대는 2주 1회, 60대 이상은 월 1회 비중이 상대적으로 높음

Point 2

간편식 구입 시 고려 기준으로 전 연령대에서 맛을 가장 중시하는 것으로 나타남
→ 20대는 맛 (40%)
→ 30대는 조리의 편리성, 40대는 안전성
→ 50대는 품질, 60대는 가격

Point 3

간편식 구입은 대형할인점과 동네 중소형 슈퍼마켓 중심으로 구입하는 경향이 나타남
→ 20대와 30대는 편의점과 통신판매 선호
→ 40대와 50대는 기업형 슈퍼마켓
→ 60대 이상은 재래시장

보고 내용은 자유로운 게시물을 작성할 수 있는 '패들렛(Padlet)' 도구를 활용해 구성해보겠습니다.

패들렛(Padlet) 도구를 활용해 보고 패턴 정리하기

패들렛(https://padlet.com)은 디지털 도화지 또는 칠판이라고 표현할 수 있습니다. 칠판에 포스트잇을 붙이듯 화면 위에 메모와 사진, 동영상, 링크 등을 자유롭게 게시해 공유할 수 있습니다. 빈 페이지에 셀카 스냅, 인터뷰 녹음, 동영상을 자유롭게 업로드하고 자신의 텍스트 게시물을 작성하거나 일부 문서를 업로드해 공유할 수도 있습니다.

패들렛은 다양한 환경에서 협업이 가능하도록 만들어졌습니다. 워드, 엑셀 등 다양한 파일 형식을 지원하며, 업로드하거나 미리 보기를 통해 내용을 확인할 수 있습니다.

패들렛을 활용하면 익명으로 게시글에 자유롭게 의견을 개진할 수 있고, 페이스북, 트위터, 클립, 링크드인과 같은 소셜 플랫폼에 공유할 수도 있습니다. 이처럼 다양한 방식으로 사용할 수 있는 패들렛은 보고서나 구두 보고를 준비하는 과정에서도 유용하게 사용할 수 있는 도구입니다.

준비하고 있는 내용과 관련된 웹사이트의 주소를 드래그 앤 드롭으로 바로 기록할 수 있고, 보유하고 있는 참고 자료 파일을 업로드하여 저장할 수도 있습니다.

패들렛을 사용해 간단하게 보고 내용을 준비해보겠습니다.

Step 1. 상사(고객)가 해야 할 행동을 고려해 질문과 답변 구성하기

요청 보고의 핵심은 보고를 듣는 상사 또는 고객이 구체적으로 무엇을 해야 하는지를 전달하는 것입니다. 또한 왜 그것을 해야 하는지도 명확하게 밝혀야 합니다. 대응 보고도 이와 같은 관점에서 질문을 작성합니다. "우리가 무엇을 해야 합니까?"로 질문을 구성해봅니다.

여기서는 성장하는 간편식(HMR) 시장에서 증가세가 뚜렷한 1인 가구 소비자를 위한 제품 대응 방안을 제시하는 것이 질문에 대한 답변이 될 것입니다.

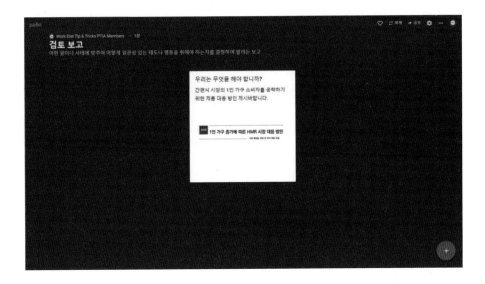

지배 메시지는 "간편식 시장의 1인 가구 소비자를 공략하기 위한 제품 대응 방안을 제시하기 바랍니다."로 정리합니다.

Step 2. 시장 변화에 대한 설명과 세부 계획을 포함한 목차 구성하기

목차의 시작은 간편식 시장의 변화에 관한 설명입니다. 다음으로 간편식 시장의 변화에 따른 당사 전략 또는 추진 방향을 설명하고, 마지막으로 구체적인 요청사항을 제시합니다. 다시 강조하지만 목차에 정답은 없습니다. 추진 배경, 대응 요청, 세부 계획 순으로 구성할 수도 있습니다. 핵심은 상대가 해야 할 행동을 구체적으로 제시해야 한다는 것입니다.

Step 3. 구두 보고 형태로 연결하기 위한 메시지 도출하기

준비된 보고 자료의 리드 메시지를 토대로 시장 현황을 살펴봅니다. 시장 현황과 관련된 각 슬라이드의 리드 메시지를 구두 보고 형태로 연결하면 다음과 같습니다.

> 국내 간편식 시장의 규모는 3년 사이 63% 성장했으며, 2022년에는 5조 원에 이를 것으로 전망되고 있습니다. 4세대 프리미엄 일상식을 기반으로 본격적인 성장기에 돌입한 상태입니다. 국내 간편식 시장이 확대되고 있는 이유는 가구의 형태와 생활 트렌드가 빠르게 변하면서 이를 찾는 소비자들이 늘고 있기 때문입니다. 또한 간편식 타깃이 연령 구분 없이 전 세대로 확산되는 모양새를 볼 수 있습니다.

좋은 구두 보고를 하기 위한 또 하나의 방법은 문서 보고의 리드 메시지를 잘 작성하는 것입니다. 각 슬라이드의 리드 메시지가 잘 작성되었는지 보려면 리드 메시지를 연결했을 때 꼬리의 꼬리를 물고 이어지는지 확인합니다.

시장 현황의 리드 메시지는 "간편식 시장은 본격 성장기로 타깃이 전 세대로 확산되고 있다."로 정리했습니다.

당사의 간편식 시장 진입 전략은 증가하는 1인 가구를 타깃으로 제품을 새로 개발하거나 현재 출시되어 있는 제품을 개선해 시장 트렌드에 대응하는 것입니다.

이에 대한 구체적 요청인 "각 부서는 당사 간편식 시장 타깃인 1인 가구의 연령대별 소비 형태와 기호에 맞는 간편식 제품 대응 방안을 보고해 달라."는 내용으로 마무리합니다.

Step 4. 여러 개의 분류 형태로 패턴 선택하기

대응 보고의 요청사항이 여러 개라면 패턴이 필요할 수 있지만 하나인 경우에는 패턴이 필요하지 않습니다. 다만, 시장 현황과 당사 전략을 보고할 때 준비된 보고자료를 활용한다면 각 단락의 리드 메시지가 여러 개이므로 분류 형태로 구분하는 것이 좋습니다.

Step 5. 1분 보고 스크립트 작성하기

대응 요청은 자칫 지시 하달이나 통보로 느껴질 수 있습니다. 엄밀하게 말해 기관이나 조직에서 지시를 하달하는 것이 맞지만 보고를 듣는 각 부서의 팀장이나 담당자가 정중한 부탁으로 받아들일 수 있도록 스크립트를 구성하는 것이 좋습니다.

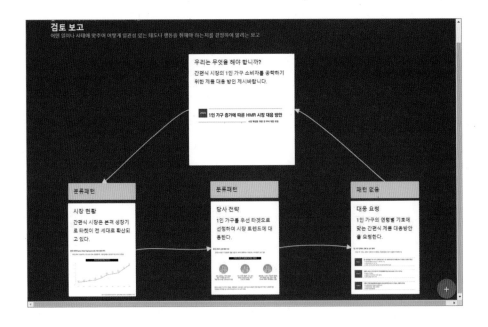

보고 시작하겠습니다.

(시장 현황) 우리나라의 간편식 시장은/폭발하고 있다고 해도 과언이 아닙니다. 시장 규모는/3년 사이 63% 성장했으며, 2022년에는 5조 원에 이를 것으로 전망됩니다. 4세대 프리미엄 일상식을 기반으로 본격적인 성장기에 돌입한 상태입니다.

우리나라 간편식 시장이 확대되고 있는 이유는/가구의 형태와 생활 트렌드가 빠르게 변하면서 이를 찾는 소비자가 늘고 있기 때문입니다. 또한 간편식 타깃이/연령 구분 없이 전 세대로 확산되는 모양새에 주목해야 합니다.

(당사 전략) 당사는 간편식 시장에서/1인 가구 증가에 맞춰 이들에게 적합한 새로운 제품을 개발하거나 현 제품을 개선해 시장 트렌드에 대응하고자 합니다.

우리나라 1인 가구는/현재 29.8% 수준이며, 향후에도 증가세가 계속 이어질 것으로 예측되고 있어 우선 타깃으로 선정했습니다. 1인 가구는/간편식을 구입할 때 전 연령대에서 맛을 가장 중시하는 것으로 나타났습니다.

주목할 점은/연령대별 차이입니다. 20~30대 젊은 1인 가구는/간편식을 동네 중소형 슈퍼마켓 중심으로 자주 구입하고, 40대 이상은/대형할인점에서 한번에 몰아서 구입하는 경향이 있습니다.

(대응 요청) 간편식 시장은/내수 부진으로 어려움을 겪고 있는 당사에 매우 중요한 시장입니다. 경쟁사는/대표 간편식을 소비자 입맛에 맞게 개선해 지난 해에는 매출이 5배 이상 성장했습니다. 간편식 후발 주자인 당사는/1인 가구의 증가에 맞춰 이들에게 적합한 제품을 개발하고자 합니다. 이에 각 부서는/1인 가구의 연령대별 소비 형태와 기호에 맞는 간편식 제품 대응 방안을 마련해 빠른 시간 내에 보고해주시기 바랍니다. 이상입니다.

요청 보고는 업무를 추진하는 과정에서 원활한 업무 소통을 위해 우리의 입장이나 요구를 전달해 상대방의 대응을 유도하는 보고입니다. 따라서 상대방이 정확하게 무엇을 해야 하며 왜 그렇게 해야 하는지를 알려야 합니다.

▶ 행동을 촉구하는 협조 보고

협조 보고는 의사결정권자의 요구에 의해 혹은 부서 간의 합의에 의해 공동으로 추진하는 업무 진행에 필요한 보고입니다. 협조 보고의 핵심은 상대방이 구체적으로 무엇을 해야 하는지를 정확히 전달하는 것입니다.

▶ 타당성을 확인하는 검토 보고

검토 보고는 해당 과제에 대해 초기 오류를 발견하기 위해 전문 집단이나 전문가에게 타당성 여부 확인을 요청하는 보고입니다. 구체적으로 무엇을 검토해야 하는지, 왜 검토를 해야 하는지 사유를 명확하게 정리해 보고하거나 요청하는 것이 가장 중요합니다.

▶ 방책을 마련하는 대응 보고

대응 보고는 어떤 일이나 사태에 대해 어떤 태도와 행동을 취해야 하는지를 결정해 알리는 보고를 말합니다. 예방 대책과 발생 후 대책 중 어떤 경우든 관련된 사람들이 동일한 행동을 할 수 있도록 안내하는 구체적인 지침을 마련하는 것이 핵심입니다.

분석 보고

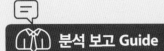
分析 복잡한 현상이나 대상 또는 개념을, 그것을 구성하는
단순한 요소로 분해하는 일

分(나눌 분) 析(쪼갤 석)

분석 보고란 조직이나 상사 또는 고객이 원하는 대상을 분석해 그 내용을 보고하는 것입니다. 분석하고자 하는 대상을 밝히고, 이를 일정한 기준에 따라 분석해 그에 따른 결과를 보고합니다.

분석하고자 하는 대상에 따라 현상 및 동향 보고, 트렌드 · 이슈 분석 보고, 실제 행해진 일의 결과를 확인하는 실태 분석 보고로 구분할 수 있습니다. 또한 실무에서는 기업 분석 보고, 사업 분석 보고, 제품 분석 보고, 내 · 외부 환경 분석 보고 등 다양한 형태로 보고가 이루어집니다.

분석 보고에서는 정확한 사실을 논리적으로 분석해 제시하는 것이 가장 중요합니다. 따라서 객관적인 사실을 수집하는 것이 출발점입니다. 공신력이 있는 국가 통계, 전문 기관의 자료나 신문 기사, 칼럼 등을 활용하고 출처를 밝히는 것이 좋습니다. 또한 구체적인 수치를 제시하거나 시각화해 차트를 사용하고, 흐름을 파악할 수 있는 도해를 적절히 활용해 이해를 돕는 것도 효과적인 방법입니다.

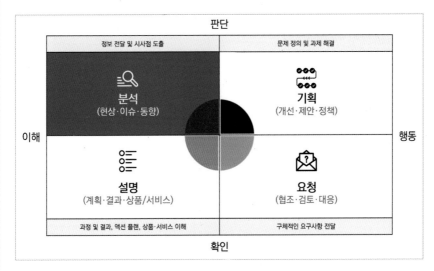

판단		
정보 전달 및 시사점 도출	문제 정의 및 과제 해결	
분석 (현상·이슈·동향)	**기획** (개선·제안·정책)	
설명 (계획·결과·상품/서비스)	**요청** (협조·검토·대응)	
과정 및 결과, 액션 플랜, 상품·서비스 이해	구체적인 요구사항 전달	

이해 ———— 행동

확인

▲ 분석 보고

분석 보고를 진행하려면 대상을 분류할 수 있는 기준이나 장·단점 등 직접적인 비교를 할 수 있는 체크리스트가 있어야 합니다. 이미 많은 사람이 논리적인 분류라고 인정하는 분석 프레임(Frame)을 활용하는 것도 좋습니다. 예를 들어 외부 환경을 분석할 때는 PEST 분석을, 전략을 수립할 때는 SWOT 분석을 활용합니다. 분석 과정에서 활용할 수 있는 마땅한 프레임이 없다면 2×2 매트릭스의 좌우축 기준을 만들어 분석하는 것도 좋은 방법입니다.

사실을 확인하는 현상 보고

: 현상을 기반으로 시사점을 드러낸다

현상 보고는 조직과 기관을 둘러싼 내·외부에서 일어나고 있는 사건이나 현재 상태를 목적에 따라 조사한 내용과 결과를 알리는 보고를 말합니다. 여기서는 현상 보고와 실태 보고를 같은 의미로 분류해 사용할 예정입니다. 현상 보고는 조사한 내용을 바탕으로 객관적으로 작성하고 조사 결과에 대한 조사자의 종합 의견을 분석 형태로 제시해야 합니다. 현상 보고에서는 조사 목적을 간략히 언급하고 조사 대상에 대한 현황 및 특징을 구체적으로 보고해야 합니다. 조사 내용과 결과에 대한 조사자의 종합 의견을 목적에 맞게 보고하는 것이 무엇보다 중요합니다.

업무 지시

최근 여성가족부에서는 '가족 다양성에 대한 국민 인식조사'를 실시하고 그 결과를 발표했다고 합니다. 우리 시는 가족 형태가 1인·한부모·미혼모·다문화 등으로 점차 다양해짐에 따라 모든 가족이 차별과 편견 없이 살아갈 수 있는 환경을 만들기 위해 시민 인식 개선을 위한 사업을 추진하고 있습니다.

'가족 다양성에 대한 국민 인식조사'는 가족 다양성에 대한 국민의 인식 변화를 살펴보고 정책 수요를 파악하는 데 많은 도움이 될 것입니다. 조사 결과를 분석하여 보고해주세요.

'가족 다양성에 대한 국민 인식조사'는 여성가족부에서 실시한 조사로, 국민이 가족 다양성에 대해 어떤 인식을 가지고 있는지 실태를 조사한 것입니다[1]. 보고 내용은 생각 정리 도구인 '만다라트'를 활용해 핵심 중심으로 구성해보겠습니다.

만다라트 도구를 활용해 보고 내용 구성하기

만다라트는 일본의 디자이너 이마이즈미 히로아키가 개발한 생각 정리 도구입니다. Manda + La · Art를 결합한 만다라트는 Manda(본질 · 깨달음)+La(소유 · 성취)의 '본질을 깨닫다, 목적을 달성하다'는 뜻에 Art를 더한 것으로, '본질을 깨닫는 방법, 목적을 달성하는 기술'이라고 해석합니다. 아이디어를 도표로 정리해 하나의 주제에 여러 가지 복합된 아이디어를 확장하는 생각 정리 도구입니다. 만다라트는 3×3 형태의 블록 아홉 개로 구성합니다. 종이에 3×3 형태의 블록을 아홉 개 그리고, 가운데 블록의 가운데 칸에 당면한 문제를 적습니다. 그리고 문제를 중심으로 원인 여덟 개를 적습니다. 그리고 여덟 개의 원인을 주변부 블록에 하나씩 옮겨 적습니다. 이후 각각의 원인을 적은 블록에 해결 방안 여덟 개를 적습니다. 여덟 개 원인별로 해결책 여덟 개를 브레인스토밍을 통해 적으면 64개의 해결책이 도출됩니다. 64개의 해결책을 다시 결합하거나 분해하면서 아이디어를 구체화해나가는 것이 만다라트 기법입니다.

----

1) 2020년 〈가족 다양성에 대한 국민 인식조사〉 결과 발표

http://www.mogef.go.kr/nw/rpd/nw_rpd_s001d.do?mid=news405&bbtSn=707105

다음은 야유회를 가기 위해 아이디어 회의를 진행하는 과정에 만다라트를 사용한 예시입니다.

뉴욕	한강 시민공원	축구장		고기 잡아서	각종 라면	뷔페		찬탈	1주일	하루
해수욕장	장소	하와이		채집	음식	전투식량		3박 4일	기간	1년
에버랜드	야구장	무인도		줍기(열매)	술	둥낭		3개월	부막그일	동하지 않을

헬리콥터	배	비행기		장소	음식	기간		총싸움	이름표 떼기	오일 찾기
수영	교통	텔목		교통	야유리	놀거리		칼싸움	놀거리	수정 틀리기
보트	튜브	수상스키		인원	목적	우천시		숨겨우	해병대 체험	술래잡기

대통령과 나	전 직원	팀별		서바이벌	힐링	현재의 삶에 만족하기 위해		그냥 만든다	취소	돈으로 주기
팀장님과 나	인원	본부별		단합	목적	야생체험		회사에서 대체	우천시	비맞고 뛰어 논다
2명	혼자	조별		국기 훈련	휴게실	휴양		휴가	일정 연기	기타

만다라트를 활용해 보고 내용을 구성해보겠습니다.

Step 1. 보고에 알맞은 목차 구성하기

매트릭스 아홉 개 중 가운데 블록에 분석 영역을 작성합니다. 분석 영역은 보고의 목차로 활용할 것입니다.

가족의 의미에 대한 인식	사회적 수용도	개인적 수용도
	가족 다양성 국민 인식 조사	정책 지원 필요성
		제도 개선 동의 정도

아이디어를 정리할 때는 만다라트의 블록을 모두 채우는 것이 바람직하지만, 보고나 발표 등에 필요한 내용을 정리할 때는 모두 채울 필요가 없습니다. 가족 다양성 국민 인식조사는 크게 다섯 영역으로 구성되어 있으므로 블록 다섯 개만 작성하고 나머지는 비워둡니다.

Step 2. 만다라트 블록 구성하며 세부 내용 작성하기

이제 각 블록의 내용을 정리합니다. 중앙 블록의 각 목차를 주변 블록의 중앙에 작성합니다.

	가족의 의미에 대한 인식			사회적 수용도			개인적 수용도	
			가족의 의미에 대한 인식	사회적 수용도	개인적 수용도			
			가족 다양성 국민 인식 조사	정책 지원 필요성			정책 지원 필요성	
				제도 개선 동의 정도				
							제도 개선 동의 정도	

다음으로 각 블록 영역의 세부 내용을 작성합니다. 인식조사의 결과를 분석하기 위해 각 질문 항목과 응답 결과를 세부 내용으로 작성해봅니다. 만다라트의 세부 내용 여덟 개를 반드시 채우지 않아도 되지만, 만약 세부 내용이 여덟 개 이상이라면 블록

을 추가해 작성합니다. 세부 내용은 2020년 결과로만 작성하고 2019년 결과와의 비교는 생략합니다.

생계와 주거 공유 가족 인정 69.7		
	가족의 의미에 대한 인식	

결혼하지 않고 아이를 낳는것 48.3	미성년이 자녀를 낳아 기르는 것 29.5	외국인과 결혼하는 것 92.7
	사회적 수용도	성인이 결혼하지 않고 혼자 사는 것 80.9

한부모 가족의 자녀 81.2	입양된 자녀 80.4	다문화 가족의 자녀 79.7
	개인적 수용도	비혼 동거 가족의 자녀 48.2

한부모 가족 지원 95.3	1인 가구에 대한 지원 78.3	법률혼 이외의 혼인에 대한 차별 폐지 70.5
	정책 지원 필요성	

가족의 범위를 사실혼과 비혼 동거까지 확장 61.0	출생신고 때 부모가 협의하여 성과 본을 정하도록 함 73.1	혼외자와 혼중자의 구분 폐지 75.9
	제도 개선 동의 정도	

Step 3. 변화와 정책 수요에 맞는 메시지 도출하기

이제 항목별 리드 메시지를 도출합니다. 각 항목의 조사 결과를 해석해서 두드러진 변화 요소와 정책 수요를 확인할 수 있는 메시지를 찾아냅니다. 만다라트 각 블록의 세부 내용에서 다음과 같이 중요 내용을 선택합니다.

				결혼하지 않고 아이를 낳는것 48.3	미성년이 자녀를 낳아 기르는 것 29.5	외국인과 결혼하는 것 92.7		한부모 가족의 자녀 81.2	입양된 자녀 80.4	다문화 가족의 자녀 79.7
생계와 주거 공유 가족 인정 69.7										
가족의 의미에 대한 인식					사회적 수용도	성인이 결혼하지 않고 혼자 사는 것 80.9			개인적 수용도	비혼 동거 가족 자녀 48.2

			가족의 의미에 대한 인식	사회적 수용도	개인적 수용도		한부모 가족 지원 95.3	1인 가구에 대한 지원 78.3	법률혼 이외의 혼인에 대한 차별 폐지 70.5
			가족 다양성 국민 인식 조사	정책 지원 필요성				정책 지원 필요성	
				제도 개선 동의 정도					

						가족의 범위를 사실혼과 비혼 동거까지 확장 61.0	출생신고 때 부모가 합의하여 성과 본을 정하도록 함 73.1	혼외자와 혼중자의 구분 폐지 75.9
							제도 개선 동의 정도	

선택한 세부 내용을 중심으로 객관적 수치에 근거해 각 항목의 리드 메시지를 작성합니다.

항목	리드 메시지
가족의 의미	69.7%의 찬성으로 혼인·혈연 중심에서 생활 및 관계 중심으로 가족의 의미가 확장되고 있다.
사회적 수용도	다양한 가족에 대한 사회적 수용도는 높아지고 있으나 비혼 동거, 비혼 출산 등에 대한 수용도는 상대적으로 낮았다.
개인적 수용도	미혼부·모 가족, 비혼 동거 가족 자녀에 대한 개인적 수용도는 상대적으로 낮았다.
정책 지원의 필요성	다양한 가족 지원 정책에 대한 수용도는 대부분 높게 나타났다.
제도 개선 동의	혼외자·혼중자 용어 폐지와 자녀 출생신고 시 부모가 협의하여 성과 본을 정하는 것에 대해 70%가 찬성했다.

항목의 리드 메시지 외에 조사 결과의 특이사항이 있습니다. 여성이 남성보다, 또 연령대가 낮을수록 다양한 가족에 대한 수용도가 높은 경향성이 나타난 부분이 중요 메

시지입니다.

또한 조사 결과에 따라 다양한 가족에 차별적인 법·제도를 개선하고 가족 다양성에 대한 포용적 인식 확산을 위해 대중매체 모니터링과 교육, 캠페인 등을 지속적으로 추진하겠다는 여성가족부의 정책 방향도 보고의 주요 내용입니다.

Step 4. 1분 보고 스크립트 작성하기

항목별 리드 메시지를 활용해 보고 내용을 작성합니다. 도입부에서는 조사 목적, 조사 대상에 대한 현황 및 특징을 간략히 언급합니다. 본론부에서는 리드 메시지를 중심으로 조사 내용을 구체적으로 보고하고, 결론부에서는 시사점을 종합해 제언을 기술합니다.

스크립트 읽어보기

2020년 여성가족부에서 실시한/'가족 다양성에 대한 국민 인식조사' 결과 및 우리 시의 정책 방향을 보고 드리겠습니다.

(도입부)
인식조사는/지난 5월 전국 17개 시·도에 거주하는 만 19세 이상 79세 이하 일반 국민 1,500명을 대상으로 가족의 의미에 대한 인식, 다양한 가족에 대한 사회적 수용도 및 개인적 수용도, 정책 지원 필요성, 가족 포용을 위한 제도 개선 동의 정도 등 다섯 가지 영역의 32개 문항으로 진행했습니다. 각 영역별로/주요 결과를 살펴보겠습니다.

(본론부)
첫째, 가족의 의미입니다. 생계와 주거를 공유한다면 가족이 될 수 있다는 응답이/ 69.7%로 나타나 가족의 개념이 전통적인 법적 혼인, 혈연 중심에서 확장되고 있는 것을 알 수 있습니다.

둘째, 다양한 가족에 대한 사회적 수용도가 높아지고 있습니다. 외국인과 결혼하는 것(92.7%), 이혼 또는 재혼(85.2%), 성인이 결혼하지 않고 혼자 사는 것 (80.9%)에 대한 수용도는/높게 나타났으며, 비혼 동거(67.0%), 비혼 출산(48.3%) 등에 대한 수용도는/상대적으로 낮았지만 상승 추세에 있습니다.

셋째, 다양한 가족에 대한 개인적 수용도도 높아지고 있습니다. 한부모 가족 (81.2%), 입양 가족(80.4%), 다문화 가족(79.7%) 및 재혼 가족(78.9%)의 자녀에 대한 수용도는/70% 이상으로 높게 나타났고, 미혼부·모 가족(60.8%)과 비혼 동거 가족(48.2%)의 자녀에 대한 수용도는/상대적으로 낮지만 역시 상승 추세에 있습니다.

넷째, 다양한 가족 지원 정책의 필요성에 대한 수용도는/대부분 높게 나타났습니다. 한부모 가족(95.3%), 미혼부·모 가족(90.0%)에 대한 지원 동의 비율이 특히 높았고, 1인 가구(78.3%) 지원 및 사실혼 등 법률혼 이외의 혼인에 대한 차별 폐지(70.5%)는/70% 이상이 동의했습니다.

마지막으로 제도 개선에 대한 동의 여부는/혼외자·혼중자 용어 폐지(75.9%)와 자녀 출생신고 시 부모가 협의하여 성과 본을 정하는 것(73.1%)에 대해/70% 이상이 찬성했습니다.

(결론부)

다양한 가족에 대한 국민의 수용도가/전반적으로 높은 것으로 나타났습니다.

우리 시에서는/시민의 눈높이에 맞춰 다양한 가족에 대한 차별적인 법과 제도를 개선할 수 있도록 관련 부처에 지속적인 정책 제언을 해나가야 합니다.

아울러 교육, 상담, 돌봄 등 우리 시의/지역 특성을 고려한 통합적 가족지원서비스를 제공하는 데 만전을 기해야 합니다.

또한 관계 부처 및 단체와 협력을 통해/대중매체 모니터링과 교육, 캠페인 등을 지속적으로 추진해 가족 다양성에 대한 포용적 인식을 확산해나가야 합니다.

이상으로 보고를 마치겠습니다. 감사합니다.

쟁점을 정리하는 이슈 보고
: 정책 방향이나 대안을 제공한다

이슈는 우리말로 바꾸면 '쟁점'입니다. 다툼의 중심이 되는 내용이나 서로 의견이 달라 토의하거나 조사해야 하는 사실을 말합니다.

이슈 보고(Issue Report)는 둘 또는 그 이상의 이해관계자가 다투는 사건이나 과거의 어느 한 시점 혹은 현재에 일어난 여러 가지 사회적 사건 중에서 중심이 되는 내용을 정리해 보고하는 것입니다. 이슈 보고의 목적은 국가, 산업 및 시장, 기업 및 기관 등 이해관계자별로 중요한 의미를 지니는 사안 또는 사건에 대한 시기적절한 분석을 바탕으로 시사점을 도출해 향후 방향이나 정책 대안을 제공하는 것입니다.

이슈는 국가, 기업 및 기관에도 중요한 사안이지만 자영업자나 취업 준비생, 학생, 주부 등에 이르기까지 전 국민에 미치는 파급효과가 크므로 위험요인에 따라 미래를 대비하고 기회요인을 찾아내는 것이 중요합니다. 이슈 분석을 위한 보고 내용을 구성해보겠습니다.

비대면을 기반으로 한 언택트는 언택트 문화, 언택트 소비, 언택트 마케팅, 언택트 기술, 언택드 교육 등 다양한 수식어와 함께 사용되고 있습니다. 업무 지시에 제시된 것처럼 전문가들이 제공하는 다양한 분석 결과를 인터넷 검색을 통해 확인하고 이를 정리해 분석합니다. 메모 앱으로 활용할 수 있는 '포스트잇(Post-it)' 도구를 활용해 보고 내용을 준비해보겠습니다.

포스트잇(Post-it) 도구를 활용해 주요 내용 정리하기

포스트잇은 직장이나 집에서 흔히 사용하는 물품입니다. 기억해야 할 내용을 메모하거나 책의 내용을 정리하기도 하고, 오늘의 할 일을 각각의 포스트잇에 적어 놓았다가 완료된 일의 포스트잇은 버리기도 합니다. 또 기업이나 교육 현장에서 여러 사람의 아이디어를 나열하거나 의견을 정리하는 등 그 사용처와 방법이 매우 다양합니다.

보고를 준비하는 과정에서도 포스트잇을 유용하게 사용할 수 있습니다. 필자는 인터넷 검색을 하면서 내용을 구성할 때 검색된 주요 내용을 포스트잇 한 장에 하나씩 작성합니다. 기본 검색이 끝나면 작성된 포스트잇의 내용과 순서를 정리하고 흐름에 따라 부족한 내용을 추가로 검색하면서 보고 내용을 준비합니다.

이슈 분석 보고는 포스트잇 앱을 활용해 정리하겠습니다. 포스트잇은 손글씨로 작성하는 것이 매력이지만 스마트폰이나 스마트 디바이스에서 사용할 수 있는 온라인 포스트잇도 있습니다. 필자는 3M에서 만든 Post-it 앱을 사용합니다.

이 외에도 온라인 스토어를 보면 많은 포스트잇 앱이 있으니 마음에 드는 것을 골라 사용하면 됩니다.

Step 1. 이슈 분석에 알맞은 목차 구성하기

먼저 이슈 보고의 목차를 정리합니다. 이슈 분석 보고의 목차는 '우리 주변에 어떤 일이 일어나고 있는지', '그것이 우리에게 어떤 영향을 미치고 있는지', '그것을 타개하기 위한 방향은 무엇인지'로 전개하는 구성을 많이 사용합니다.

전형적인 방식에 따라 [내 · 외부 환경 변화(현상) – 영향(시사점) – 대안(해결책)] 순으로 보고 내용을 구성하겠습니다.

전문가들의 다양한 관점을 검색하기 전에 목차를 정리하면 검색의 목표가 분명해집니다. 예를 들어 '언택트'를 키워드로 검색하는 것보다 '언택트 환경 변화'를 키워드로 검색하면 좀 더 정확한 결과를 확인할 수 있습니다.

Step 2. 환경 변화에 따른 시사점을 리드 메시지로 도출하기

검색 결과를 바탕으로 각 항목별 리드 메시지를 작성합니다. 필자는 포스트잇 앱을 활용해 다음과 같이 정리했습니다. '기타' 항목은 현 보고 내용에는 포함되지 않은 것입니다. 각 항목에 포함되는 내용을 찾은 후에 핵심 내용을 세 가지로 정리하고 남은 메시지입니다. 포스트잇 앱을 사용하면 개별 포스트잇을 쉽게 이동할 수 있어서 각 포스트잇의 메시지를 항목 틀에 넣고 빼며 짧은 시간에 정리했습니다.

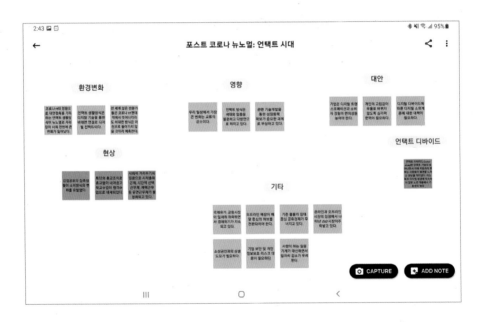

'환경 변화'에는 언택트가 등장한 배경과 주요 키워드, 그리고 향후 예측을 기술했습니다. 이는 보고자의 선택입니다. 정답이 아니라 보고 내용을 전개하는 의도에 따라 적합한 내용을 선별합니다.

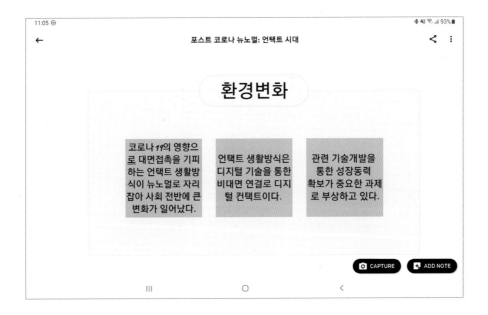

'현상'은 환경 변화에 따라 우리 주변에 어떤 일이 일어나고 있는지를 부연 설명하기 위해 추가한 내용입니다. 학생, 직장인, 개인 측면으로 내용을 구성했습니다.

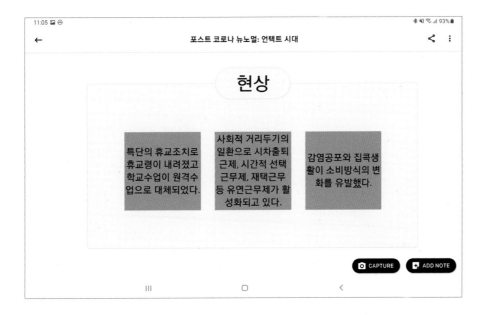

'영향'에는 환경 변화와 현상의 시사점을 정리했습니다. 언택트 시대 생활 방식의 특징을 정리했다고도 할 수 있습니다.

'대안'은 언택트 생활 방식의 부족한 부분이나 역기능을 개선하는 측면에서 접근했고, '영향' 항목의 메시지와 연계해 설명할 수 있는 메시지를 선택했습니다. 또한 '언택트 디바이드'라는 신조어의 개념을 정리하는 것이 필요하다고 판단해 별도 항목에 정의를 기술했습니다.

포스트잇으로 정리할 때 가장 중요한 것은 각 메시지를 명확한 표현으로 정리하고, 메시지가 꼬리에 꼬리를 물고 연결될 수 있도록 순서를 정하는 것입니다. 이 과정은 결코 쉽지 않습니다. 포스트잇은 내용을 정리하는 수단에 불과합니다. 직접 쓰든 디지털 앱을 사용하든 중요한 것은 내용입니다. 내용을 잘 작성하려면 각 메시지가 하나의 스토리처럼 연계되어야 한다는 점을 명심합니다.

Step 3. 1분 보고 스크립트 작성하기

항목별 리드 메시지를 활용해 보고 내용을 작성합니다. 네 가지 항목으로 나누어 설명한 환경 변화를 구체적인 시사점으로 연결하고 대안이 드러나도록 스크립트를 구성합니다.

코로나19의 영향으로 대면접촉을 기피하는 언택트 생활 방식이/뉴노멀로 자리 잡아 사회 전반에 큰 변화가 일어나고 있습니다.

(현상) 학교는 특단의 휴교 조치로/수업을 원격수업으로 대체했습니다. 또한 직장인은 사회적 거리 두기의 일환으로/시차출퇴근제, 시간적 선택 근무제, 재택근무 등 유연근무제가 활성화되었습니다. 그에 따른 집콕 생활과 감염 공포는/배달 앱으로 대표되는 소매 유통의 확산으로 이어지며 가정의/소비 방식 변화를 유발하고 있습니다.

(영향) 이와 같은 언택트는/첨단 디지털 기술을 활용한 비대면 속성의 서비스를 지칭하는 디지털 컨택트로 일반화되고 있습니다.

온라인 주문 및 배달, 원격근무, 원격학습, 원격의료 등으로 대표되는 언택트 생활 방식은/세대와 업종을 불문하고 다방면으로 퍼져 나가고 있으며, 관련 기술 개발을 통한 새로운 성장 동력 확보가 중요한 과제로 부상하고 있습니다.

또한 비대면 및 비접촉 문화가/사회 전반으로 확산되면서 우리 일상에서 교류의 감소를 가져왔습니다.

전 세계의 많은 전문가들은/코로나19 팬데믹에서 벗어나더라도 포스트 코로나19 시대는 언택트 사회가 뉴노멀로 자리잡을 것이며, 비대면 방식 이전으로 돌아가지 않을 것이라 예측하고 있습니다. 따라서 언택트 시대의 혁신을 선도하려면 그에 적합한 대응 전략이 필요합니다.

(대안) 이에 언택트로 인한 역기능을 극복하고/새로운 시대를 선도할 수 있는 대안을 세 가지로 정리했습니다.

첫째, 기업은 디지털과 물리적 요소를 통합해 산업의 새로운 방향을 정립하는 디지털 트랜스포메이션을 해야 합니다. 더불어 소비자 경험의 편의성을 높일 수 있는 대책을 수립해야 합니다. 온·오프라인 매장은 단순한 거래 장소의 역할뿐 아니라 그 어느 때보다도 독특한 고객 경험을 제공해야 합니다.

둘째, 개인은 비대면의 효율성에 초점을 두는 한편 관계성의 약화로 인한 고립감이 우울로 바뀌지 않도록 심리적 면역을 강화해야 합니다.

셋째, 언택트 디바이드(Untact Divide)로 인한 디지털 소외 계층에 대한 대책을 강구해야 합니다. 언택트 디바이드는 언택스 기술이 늘어나면서 이에 적응하지 못하는 사람들이 불편을 느끼는 현상을 의미합니다. 특히 디지털 환경에 익숙하지 않은 노년 계층에서 나타날 가능성이 높습니다.

이상으로 보고를 마치겠습니다. 감사합니다.

트렌드를 공유하는 동향 보고
: 사회 변화를 분석하고 제대로 공유한다

동향 보고는 고객, 소비자나 특정 대상에게 나타나는 일정한 방향인 트렌드(Trend)를 조사, 분석한 결과를 보고하는 것입니다.

최신 유행인 핫 트렌드, 사회에서 일어나는 거대한 조류를 이르는 메가 트렌드 등 다양한 트렌드가 있습니다. 이와 달리 유행에 구애 받지 않으면서 독창적인 스타일을 추구하는 논 트렌드(Non Trend)도 있습니다. 동향 보고는 조직과 기업이 이와 같은 사회 변화에 반응하기 위해 해당 트렌드를 분석하는 것이라 할 수 있습니다. 동향 보고의 사례를 살펴보겠습니다.

업무 지시(이메일)

노대리, 신과장입니다. 부탁 좀 할게요.

실장님께서 우리 팀에 모레까지 우리나라 스마트 미디어를 이용한 여가활동 동향을 보고하라고 지시하셔서 내용을 준비하고 있었는데, 알다시피 제가 갑작스런 출장이 생겨서 마무리를 못하게 되었네요.

미안하지만 노대리가 보고 내용을 준비해주기 바랍니다.

제가 준비했던 기초 통계 데이터를 첨부 파일로 보냅니다. 이 데이터를 기반으로 보고 내용을 준비해서 우선 제게 메일로 보내주세요.

그럼 부탁합니다.

업무에서 충분히 일어날 수 있는 상황입니다. 기초 데이터가 준비된 상황에서 불가피한 상황이 생기면 다른 사람이 보고서를 작성하기도 하고 구두 보고를 대신하기도 합니다. 이번 보고는 차트와 표로 구성되어 있는 데이터에서 메시지를 추출하는 방식입니다. 앞선 보고처럼 메시지를 먼저 뽑고 근거를 연결하는 방식과는 다릅니다. 여기서 사용할 자료는 통계개발원에서 발간한 〈한국의 사회동향 2019〉에 있는 '스마트미디어 이용 여가활동[2]'입니다. 보고 내용은 텍스트와 이미지를 활용해 업무 생산성을 높이는 '노션(Notion)'으로 구성해보겠습니다.

노션(Notion) 도구를 활용해 동향 보고 작성하기

2016년에 개발된 노션(Notion)은 필수 업무 도구를 하나의 작업 공간에 통합한 올인원 생산성 앱입니다. 메모, 문서, 프로젝트 관리, 협업 등 다양한 방식의 기능을 제공합니다. 현재 400만 명 이상의 사용자를 확보하고 있으며 2020년 8월에 한국어 버전을 정식 출시했습니다. 우리나라 사용자 수는 계속 증가하고 있으며, 여러 기업에서 재택근무와 협업 도구로 노션을 사용하고 있습니다. 당근마켓, 리디북스, 쏘카 등을 비롯해 나이키, 맥도날드 등 글로벌 기업에서도 노션을 사용하고 있는 것으로 알려져 있습니다.

---

2) 출처 : http://www.kostat.go.kr/sri/srikor/srikor_pbl/3/index.board

노션은 텍스트 기반의 워크플로이(Workflowy)와 달리 이미지를 사용해 페이지를 구성할 수 있고 드래그 앤 드롭 기능을 활용해 내용을 정렬할 수 있는 장점이 있습니다. 기능이 매우 간단하므로 능숙하게 사용하지 못하더라도 비주얼을 활용한 보고 내용을 준비할 때 쉽게 접근할 수 있습니다.

준비된 자료는 연령별로 스마트 미디어를 여가에 어떻게 활용하고 있는지를 분석한 내용입니다. 각 차트와 표에서 메시지를 추출해 보고 내용을 준비합니다.

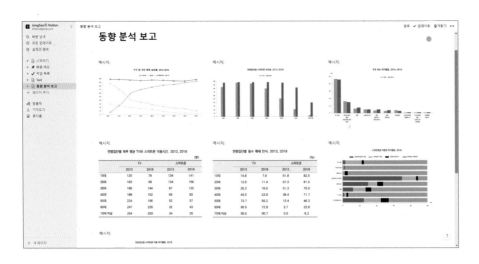

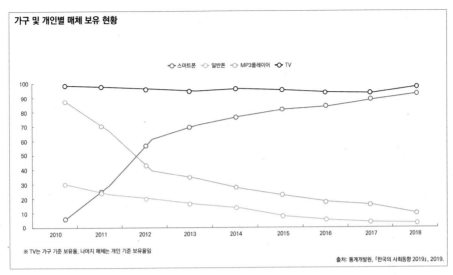

가구 및 개인별 매체 보유 현황

―◇― 스마트폰 ―◇― 일반폰 ―◇― MP3플레이어 ―◇― TV

※ TV는 가구 기준 보유율, 나머지 매체는 개인 기준 보유율임

출처: 통계개발원, 「한국의 사회동향 2019」, 2019.

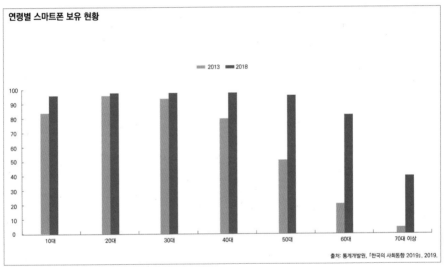

연령별 스마트폰 보유 현황

■ 2013 ■ 2018

출처: 통계개발원, 「한국의 사회동향 2019」, 2019.

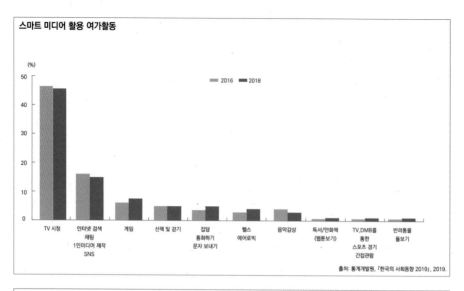

스마트 미디어 활용 여가활동

출처: 통계개발원, 「한국의 사회동향 2019」, 2019.

연령별 하루 평균 TV와 스마트폰 이용시간

(분)

	TV		스마트폰	
	2013	2018	2013	2018
10대	120	79	134	141
20대	163	99	124	156
30대	186	144	87	125
40대	188	162	69	83
50대	224	196	53	57
60대	247	226	32	43
70대 이상	254	259	34	26

출처: 통계개발원, 「한국의 사회동향 2019」, 2019.

연령별 필수 매체 인식

(%)

	TV		스마트폰	
	2013	2018	2013	2018
10대	14.8	7.6	61.8	82.5
20대	13.9	11.4	67.3	81.5
30대	25.3	16.6	51.3	76.0
40대	44.5	23.8	38.4	71.7
50대	73.7	50.2	13.4	46.3
60대	90.5	72.8	3.7	22.8
70대 이상	95.5	90.7	0.5	6.2

출처: 통계개발원, 「한국의 사회동향 2019」, 2019.

스마트폰을 이용한 여가활동

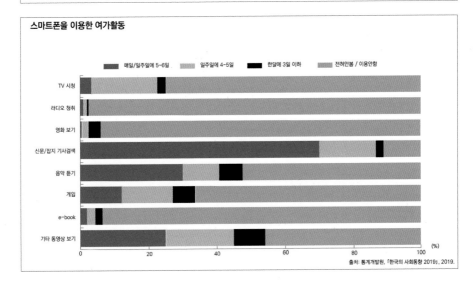

출처: 통계개발원, 「한국의 사회동향 2019」, 2019.

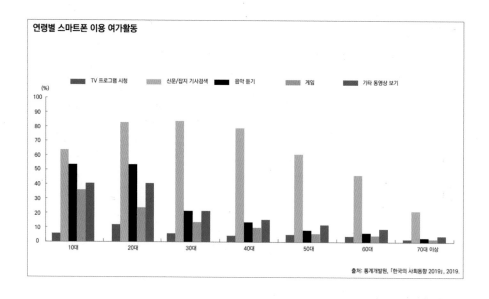

연령별 스마트폰 이용 여가활동

출처: 통계개발원, 「한국의 사회동향 2019」, 2019.

Step 1. 동향 분석 데이터를 토대로 리드 메시지 도출하기

우선 준비된 차트와 표를 드래그 앤 드롭으로 노션 페이지에 삽입합니다[3].

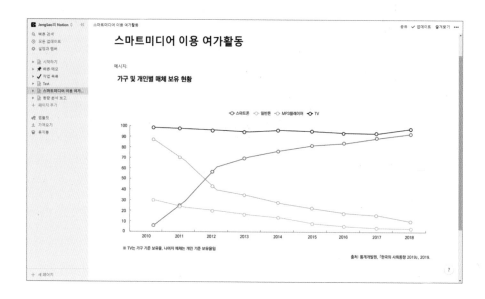

메시지는 분석 보고서에서 중요 내용을 추출해 작성합니다. 의사결정권자나 고객이 차트나 표를 직접 해석하지 않아도 되도록 메시지를 통해 충분히 핵심을 파악할 수 있게 하는 것이 중요합니다. 준비한 일곱 개의 차트와 표에서 추출한 리드 메시지는 다음과 같습니다.

데이터	리드 메시지
가구 및 개인별 매체 보유 현황	매체 이용의 '이동화', '개인화'를 상징하는 스마트폰은 보유율 90%에 달하면서 이제 일상생활에서 없어서는 안 될 필수품으로 자리 잡았다.
연령별 스마트폰 보유 현황	10~50대의 95% 이상이 스마트폰을 보유하고 있으며, 60대도 80.3%에 달해 과거 대비 고연령층의 스마트폰 보유율이 큰 폭으로 늘었다.
스마트 미디어 활용 여가활동	TV 수상기는 2018년 기준 가구 보유율 96.5%로 가장 보편적인 미디어의 위상을 유지하고 있으나 스마트폰 이용시간이 늘어나면서 그 위상이 위협받고 있다.
연령별 하루 평균 TV와 스마트폰 이용시간	젊은 층의 경우 TV 시청시간이 현저하게 줄고 있으며 이와 같은 TV 시청시간의 감소와 스마트폰 이용시간의 증가는 일상생활에 필요한 미디어 기기의 선호도 변화로 이어짐을 확인할 수 있다.
연령별 필수 매체 인식	40대 이하 연령층의 대다수는 스마트폰을 필수 매체로 선택한 반면, 50대는 TV 선택이 더 많았고 60대 이상은 대다수가 TV를 일상생활의 필수 매체로 선택해 대조를 보였다. 다만 고연령층에서도 스마트폰을 필수 매체로 선택하는 비중이 높아지고 있는 현상은 여가활동 수단으로 스마트폰의 중요성이 커지고 있음을 시사한다.
스마트폰을 이용한 여가활동	스마트폰을 통한 여가활동으로는 신문 · 잡지 기사 검색 비율이 67.6%(주 5일 이상 기준)로 압도적으로 높았다. 이 외에 음악 듣기, 기타 동영상 보기, 게임 등도 즐기는 것으로 나타났다.
연령별 스마트폰 이용 여가활동	다기능 복합기기인 스마트폰은 연령별로 쓰임새가 다른 것으로 나타났는데, 10대, 20대는 다양한 영역에서 다른 연령대보다 이용률이 월등히 높아 스마트폰을 이용해 여가를 적극적으로 즐기는 것으로 나타났다. 반면 연령대가 높아질수록 음악 듣기나 동영상 시청보다는 신문 · 잡지 기사 검색 이용률이 월등히 높아 특정 콘텐츠에 편중하는 특성을 보이고 있다.

노션에서 각 차트와 표의 상단에 텍스트 라인을 삽입해 메시지를 추가합니다.

---

3) 노션 사용법은 홈페이지나 인터넷상에서 찾아 참조할 수 있습니다. 이 책에서는 노션을 활용해 보고 내용을 구성하는 과정과 결과 위주로 설명합니다.

스마트미디어 이용 여가활동(1)

매체 이용의 '이동화', '개인화'를 상징하는 스마트폰의 보유율은 90%에 달하면서 이제 일상생활에서 없어서는 안 될 필수품으로 자리잡았다.

가구 및 개인별 매체 보유 현황

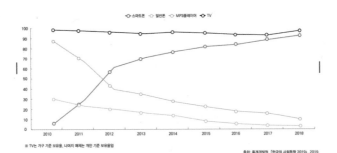

※ TV는 가구 기준 보유율, 나머지 매체는 개인 기준 보유율임

출처: 통계개발원, 「한국의 사회동향 2019」, 2019.

10-50대의 95% 이상이 스마트폰을 보유하고 있으며, 60대의 보유비율도 80.3%로 과거 대비 고연령층의 스마트폰 보유율이 큰 폭으로 늘어났다.

연령별 스마트폰 보유 현황

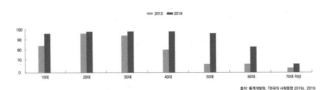

출처: 통계개발원, 「한국의 사회동향 2019」, 2019.

TV 수상기는 2018년 기준 가구 보유율이 96.5%로 가장 보편적인 미디어의 위상을 유지하고 있으나 스마트폰 이용시간이 늘어나면서 위상은 위협받고 있다.

스마트 미디어 활용 여가활동

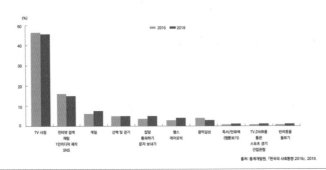

출처: 통계개발원, 「한국의 사회동향 2019」, 2019.

젊은 층의 경우 TV 시청시간이 현저하게 줄고 있으며 이와 같은 TV 시청시간의 감소와 스마트폰 이용시간의 증가는
일상생활에서 필요한 미디어 기기의 선호도 변화로 이어짐을 확인할 수 있다.

연령별 하루 평균 TV와 스마트폰 이용시간

(분)

	TV		스마트폰	
	2013	2018	2013	2018
10대	120	79	134	141
20대	163	99	124	156
30대	186	144	87	125
40대	188	162	69	83
50대	224	196	53	57
60대	247	226	32	43
70대 이상	254	259	34	26

출처: 통계개발원, 「한국의 사회동향 2019」, 2019.

연령별로는 40대 이하 연령층의 대다수는 스마트폰을 필수 매체로 선택한 반면, 50대는 TV 선택이 더 많았고 60대
이상은 대다수가 TV를 일상생활의 필수 매체로 선택하여 대조를 보였다. 다만 고연령층에서도 스마트폰을 필수매체
로 선택하는 비중이 높아지고 있는 현상은 여가활동 수단으로 스마트폰의 중요성이 커지고 있음을 시사한다.

연령별 필수 매체 인식

50대	73.7	50.2	13.4	46.3
60대	90.5	72.8	3.7	22.8
70대 이상	95.5	90.7	0.5	6.2

출처: 통계개발원, 「한국의 사회동향 2019」, 2019.

스마트폰을 통한 여가활동으로는 신문·잡지 기사 검색 비율이 67.6%(주 5일 이상 기준)로 압도적으로 높았고, 음악
듣기, 기타 동영상 보기, 게임 등도 즐기는 것으로 나타났다.

스마트폰을 이용한 여가활동

출처: 통계개발원, 「한국의 사회동향 2019」, 2019.

다기능 복합기기인 스마트폰은 연령별로 쓰임새가 다른 것으로 나타났는데 10대, 20대는 다양한 영역에서 다른 연령
대보다 이용률이 월등히 높아 스마트폰을 이용해 여가를 적극적으로 즐기는 세대임을 나타내고 있다. 30대와 40대는
신문/잡지 기사 검색, 50대와 60대는 음악 듣기나 동영상 시청보다는 신문/잡지 기사 검색 이용률이 월등히 높아 특
정 콘텐츠에 편중하는 특성을 보이고 있다.

연령별 스마트폰 이용 여가활동

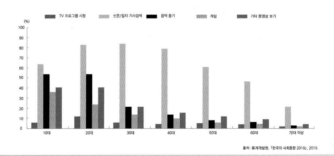

출처: 통계개발원, 「한국의 사회동향 2019」, 2019.

Step 2. 3단 구성으로 보고 순서 정렬하기

다음으로 리드 메시지를 기준으로 순서를 배열합니다. 먼저 스마트 미디어 보유 현황과 필수 매체 인식을 통해 스마트폰이 일상에서 어느 정도 자리를 잡고 있는지 확인합니다. 다음으로 TV와 스마트폰의 이용시간 변화와 스마트폰을 이용한 여가활동의 연령별 특징을 살펴보는 3단 구성을 활용했습니다. 노선의 드래그 앤 드롭 기능을 활용해 3단 배열을 한 결과물은 다음과 같습니다.

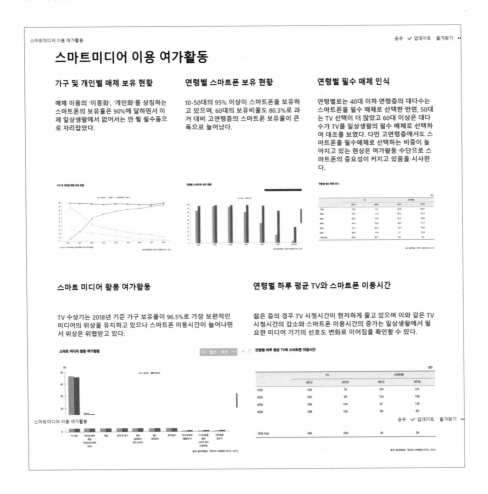

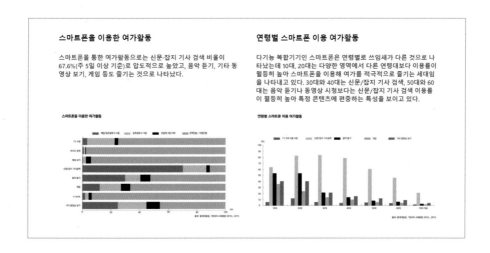

Step 3. 1분 보고 스크립트 작성하기

차트와 표의 리드 메시지를 활용해 보고 내용을 작성합니다. 도입부에는 인용구를 활용하고 결론부는 메시지를 종합 요약 형태로 구성해봅니다. 리드 메시지는 스크립트를 구성하는 과정에서 조금씩 조정했습니다.

스마트폰은/일상생활에 없어서는 안 될 필수품으로 자리잡았습니다. 영국 경제주간지 이코노미스트는/스마트폰 없이 살 수 없는 신인류를 '포노 사피엔스(Phono Sapience)'로 표현했습니다. 그만큼 스마트폰의 영향력은 절대적입니다.

스마트폰은/통신은 물론 방송 프로그램 시청, 음악 듣기, 인터넷 검색, 구매와 결제 등 생활 전반에서 활용되고 있습니다. 그러므로 스마트폰을 이용한 여가활동 분석은/여가를 포함한 일상생활의 미래를 예측할 수 있는 기초 자료가 될 것입니다.

지금부터 스마트폰을 이용한 여가활동의 양상을/살펴보겠습니다.

(가구 및 개인별 매체 보유 현황)
스마트폰은/보유율이 2010년 3.8%에서 빠른 속도로 증가하여 2018년 89.4%에 달해 가장 보편적인 개인 미디어로 자리 잡았습니다.

(연령별 스마트폰 보유 현황)
10대에서 50대의 95% 이상이/스마트폰을 보유하고 있으며, 60대도/80.3%에 달해 과거 대비 고연령층의 스마트폰 보유율이 큰 폭으로 늘었습니다.

(연령별 필수 매체 인식)
40대 이하 연령층의 대다수는/스마트폰을 필수 매체로 선택한 반면, 50대는/TV 선택이 더 많았고 60대 이상은/대다수가 TV를 일상생활의 필수 매체로 선택하여 대조를 보였습니다. 다만 고연령층에서도/스마트폰을 필수 매체로 선택하는 비중이 높아지고 있는 현상은 여가활동 수단으로 스마트폰의 중요성이 커지고 있음을 시사하고 있습니다.

(스마트 미디어 활용 여가활동)
TV 수상기는/2018년 기준 가구 보유율 96.5%로 가장 보편적인 미디어의 위상을 유지하고 있으나 스마트폰 이용시간이 늘어나면서 그 위상을 위협받고 있습니다.

(연령별 하루 평균 TV와 스마트폰 이용시간)
젊은 층의 경우/TV 시청시간이 현저하게 줄고 있습니다.TV 시청시간의 감소와 스마트폰 이용시간의 증가는/일상생활에서 필요한 미디어 기기의 선호도 변화로 이어짐을 확인할 수 있습니다.

(스마트폰을 이용한 여가활동)
스마트폰을 통한 여가활동으로는/주 5일 이상 기준 신문·잡지 기사 검색 비율이 67.6%로 압도적으로 높았고, 음악 듣기, 동영상 보기, 게임 등도/즐기는 것으로 나타났습니다.

(연령별 스마트폰 이용 여가활동)
다기능 복합기기인 스마트폰은/연령별로 쓰임새가 다른 것으로 나타났는데, 10대, 20대는/다양한 영역에서 다른 연령대보다 이용률이 월등히 높아 스마트폰을 이용해 여가를 적극적으로 즐기는 세대임을 나타내고 있습니다.또한 연령대가 높아질수록/음악 듣기나 동영상 시청보다는 신문·잡지 기사 검색 이용률이 월등히 높아져 특정 콘텐츠에 편중하는 특성을 보였습니다.

요약하면 스마트폰 보유율과 이용량의/세대 간 격차는 좁혀지고 있습니다.그러나 여가활동의 방향은/확연히 구분됩니다. 젊은 층은/영상 콘텐츠를, 고연령층은/문자 콘텐츠를 선호하는 것으로 나타났습니다.

스마트폰을 적극적으로 활용하는 20대와 30대에서 촉발된 여가활동의 '개인화', '능동화' 경향은/고연령층으로 확산되고 있으며, 이는 여가활동의 모습을/근본적으로 변화시켜나갈 것으로 보입니다.이상으로 보고를 마치겠습니다.감사합니다.

분석 보고는 조직이나 상사 또는 고객이 원하는 대상을 분석해 그 내용을 보고하는 것입니다. 분석하고자 하는 대상을 밝히고, 이를 일정한 기준에 따라 분석해 그 결과를 보고합니다.

▶ 사실을 확인하는 현상 보고
현상 보고는 조직과 기관을 둘러싼 내 · 외부에서 일어나고 있는 사건이나 현재 상태를 목적에 따라 조사한 내용과 결과를 알리는 보고입니다. 조사한 내용을 바탕으로 객관적으로 작성하고 조사 결과에 대한 조사자의 종합 의견을 분석 형태로 제시해야 합니다.

▶ 쟁점을 정리하는 이슈 보고
이슈 보고는 둘 또는 그 이상의 이해관계자가 다투는 사건이나 과거의 어느 한 시점 혹은 현재에 일어난 여러 가지 사회적 사건 중에서 중심이 되는 내용을 정리해 보고하는 것입니다. 각 이해관계자에게 미치는 파급효과가 크므로 위험요인에 따라 미래를 대비하고 기회요인을 찾아내는 것이 중요합니다.

▶ 트렌드를 공유하는 동향 보고
동향 보고는 고객, 소비자나 특정 대상에게 나타나는 일정한 방향인 트렌드를 조사, 분석한 결과를 보고하는 것입니다. 조직과 기업이 사회 변화에 반응하기 위해 해당 트렌드를 분석하는 것이라 할 수 있습니다.

보고 스킬

바른 보고를 만드는 보고 화법

상사나 고객을 힘들게 하는 보고

보고자가 이야기를 전달할 때 앞뒤 연결이 매끄럽지 않고 내용이 따로 노는 듯할 때가 있습니다. 그러면 보고자가 내용을 제대로 이해했는지 의심하게 되고 결국 보고자를 신뢰할 수 없게 됩니다.

슬라이드와 슬라이드 사이에 공백을 발생시키는 경우도 마찬가지입니다. 슬라이드를 넘기고 한참 내용을 확인한 후에 이야기를 시작하는 보고자가 있습니다. 슬라이드에 있는 내용을 잘 모르고, 어떤 내용이 핵심인지 파악하지 못했기 때문입니다.

▲ 반복되는 음절이나 접속사는 집중을 방해한다.

또 문장 앞에 '그래서', '그 다음에', '다시 말해서'와 같은 접속사를 버릇처럼 말하는 보고자도 있습니다. 그런 경우 상사나 고객은 내용에 집중하지 못하고 접속사가 몇 번이나 나오는지 세고 있을지도 모릅니다.

반대로 지나치게 거침없이 밀어붙이는 보고자도 있습니다. 정보가 쉴 틈 없이 밀려들어오면 내용을 머릿속에 정리할 수 없습니다. 얼마 되지 않아 듣는 것을 포기할 수도 있습니다. 내용과 내용 사이에 공백이 많아도 문제이지만, 공백이 없어도 문제입니다. 이런 보고자가 과연 의사결정권자를 설득할 수 있을까요?

꼬리에 꼬리를 무는 브릿징 스킬

《꼬리에 꼬리를 무는 영어》라는 책이 있습니다. 영어 단어를 무작정 외우는 것보다 연관성 있는 개념을 연결해 꼬리에 꼬리를 물듯이 단어를 암기하게 구성되어 있습니다. 보고 스피치에도 꼬리에 꼬리를 무는 개념을 도입하면 어떨까요? 꼬리에 꼬리를 무는 연결을 만들어보는 것입니다. 보고에서는 이를 '브릿징(Bridging)'이라고 합니다. 문장과 문장, 단락과 단락, 슬라이드와 슬라이드 사이에 다리를 놓듯이 연결하는 것입니다.

▲ 브릿징 스킬은 꼬리에 꼬리를 무는 연결이다.

브릿징은 적절한 공백을 유지하게 하고, 내용과 내용의 연결고리도 제공합니다. 거침없이 유창한 언변 사이의 공백은 듣는 사람이 내용을 기억할 수 있는 휴식처가 됩니다. 브릿징을 잘 사용하면 분명히 좋은 결과를 얻을 수 있습니다. 상사나 고객이 내용을 쉽게 이해할 수 있고 열심히 준비한 보고라는 느낌을 받을 수 있기 때문입니다. 문장과 문장 사이, 슬라이드와 슬라이드 사이, 그리고 내용의 전환이 있을 때 사용할 수 있는 브릿징 스킬에 대해 살펴보겠습니다.

질문으로 브릿징하기

첫 번째 브릿징 스킬은 질문입니다. 질문은 질의응답과는 다릅니다. 질의응답은 질문을 들은 사람이 대답을 해야 합니다. 따라서 질문 후에 보고자는 상사나 고객의 대답을 기다려야 합니다. 그러나 질문은 '안내'와 '연결'을 의미합니다.

> 여러분, 혹시 검은색 음식, 블랙푸드가 건강에 좋다는 것을 알고 계십니까?
> (공백)
> 오늘 제 이야기의 주인공은 블랙푸드입니다.

이와 같은 질문이 안내에 해당합니다. 이 질문은 블랙푸드가 건강에 좋다는 것을 알고 있는지 확인하려는 질문이 아니라 지금부터 블랙푸드에 대해 이야기를 하겠다는 것을 알리는 안내입니다. 따라서 1초 정도 공백을 두고 바로 주제로 들어갑니다.

> 우리는 지난 6개월 동안 A 제품을 홍보하기 위해 수많은 노력을 기울여왔습니다. 그러나 A 제품의 시장 점유율은 10%로, 경쟁사 제품 대비 3분의 1밖에 되지 않는 처참한 결과를 보였습니다. 왜 이런 일이 발생하게 되었을까요?
> (공백)
> 이제 그 이유를 살펴보겠습니다.

이번 질문은 상황에서 원인 분석으로 전환되는 연결문으로 사용되었습니다. 이런 경우 질문 후에 상사나 고객에게 그 이유를 생각해볼 시간을 줄 수도 있습니다. 즉 질문을 상황에 맞게 활용해야 합니다.

보고자는 질문을 통해 주의를 환기시키고, 호기심이나 궁금증을 유발함으로써 이야기 속으로 상사나 고객을 끌어들일 수도 있고, 질문을 통해 문장이나 이야기의 꼬리를 무는 흐름을 만들어낼 수도 있습니다. 특히 보고 초반부에 질문을 사용하면 큰 효과가 있습니다. 초반부에 전개하는 질문은 다음과 같이 사용할 수 있습니다.

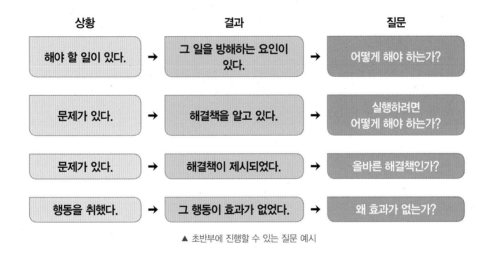

▲ 초반부에 진행할 수 있는 질문 예시

이 예시는 전형적인 설득형 구조 보고의 초반부 전개 방법입니다. 우리 주변에 일어나는 상황과 그 결과를 통해 긴장감을 조성하고, 질문을 통해 제안으로 자연스럽게 흐르도록 만듭니다. 이처럼 질문은 브릿징 스킬로 유용하게 사용할 수 있습니다.

헤드라인 먼저 언급하기

대부분의 보고자는 슬라이드를 비슷한 방법으로 활용합니다. 현재 보이는 슬라이드의 내용을 설명하고 설명이 끝나면 다음 슬라이드로 넘어갑니다. 이때 클리커가 작동하지 않아 여러 차례 반복해서 누르는 모습을 보여줄 때도 있습니다. 다음 슬라이드가 나타나면 한 번 훑어보고 윗줄부터 하나씩 설명합니다. 매우 익숙한 보고 방식입니다. 예를 들어 다음 슬라이드를 바탕으로 보고한다고 가정하겠습니다.

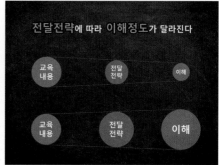

첫 번째 슬라이드에서는 대표되는 키워드를 보여주며 시작합니다. 두 번째 슬라이드에서는 도형을 활용해 중요한 부분을 더 크게 강조하여 설명하는 구조입니다.

Case 1.

많이 아는 것과 잘 가르치는 것 사이에는 등호가 성립되지 않습니다. 많이 알고 있다고 해서 잘 가르칠 수 있는 것은 아니라는 겁니다.

(슬라이드 전환)

이번 슬라이드에서는 전달 전략에 따라 이해 정도가 달라지는 부분에 대해 설명하겠습니다. 두 명의 강사가 있다고 가정했을 때 두 강사의 지식 수준이 비슷하더라도 전략 전달에 따라 교육생의 이해 정도는 크게 차이가 납니다.

이와 같은 설명 방식은 한 슬라이드의 내용을 전달하고 슬라이드를 전환한 후에 다음 슬라이드의 헤드라인부터 차례로 설명하는 흐름입니다. 대부분의 보고자가 이렇게 진행합니다. 그런데 이렇게 하면 슬라이드가 앞장서서 새로운 내용을 전달하고, 보고자는 슬라이드를 부연 설명하는 보조적인 역할을 수행하게 됩니다. 보고의 주인공이 뒤바뀌는 것입니다.

Case 2.

많이 아는 것과 가르치는 것 사이에는 등호가 성립되지 않습니다. 많이 알고 있다고 해서 잘 가르칠 수 있는 것은 아니라는 겁니다. 그렇다면 어떻게 해야 잘 가르칠 수 있을까요?

바로 전달 전략을 잘 세우는 것이 중요합니다. 전달 전략의 수준에 따라 교육생의 집중도와 내용의 이해 정도가 달라지기 때문입니다.

(슬라이드 전환)

두 명의 강사가 있다고 가정했을 때 두 강사의 지식 수준이 비슷하더라도 전략 전달에 따라 교육생의 이해 정도는 큰 차이가 납니다.

첫 번째 사례와 어떻게 다른가요? 첫 슬라이드에서의 설명은 같습니다. 그러나 첫 슬라이드의 내용을 전달한 후 다음 슬라이드의 헤드라인을 먼저 언급하고 다음 슬라이드로 전환합니다. 그리고 나서 다음 슬라이드의 내용을 설명합니다. 결국 두 번째 슬라이드의 헤드라인을 이전 슬라이드에서 먼저 언급하느냐 슬라이드 전환 후에 설명하느냐의 차이입니다.

이전 슬라이드의 마지막에 다음 슬라이드의 헤드라인을 먼저 언급하는 방식도 브릿징 스킬입니다. 슬라이드 간의 브릿징을 함으로써 보고자가 주인공이 되는 것입니다. 상사나 고객의 입장에서 보고자가 다음 슬라이드의 내용을 먼저 언급하는 모습을 보면 '저 보고자는 모든 내용을 머릿속에 담고 있구나!'라고 생각하게 됩니다.

이처럼 슬라이드 사이에 브릿징을 사용하면 보고자에 대한 신뢰도가 높아집니다. 그리고 슬라이드를 전환할 때 발생하는 불필요한 공백을 없앨 수 있습니다. 이 방법은 조금만 연습하면 얼마든지 실전에 사용할 수 있습니다. 자신이 전달하는 각 슬라이드의 헤드라인을 모르고 무대에 올라가는 것은 무모한 일입니다. 반드시 반복 연습을 통해 자연스럽게 브릿징을 유지할 수 있도록 합니다.

숫자 활용하기

'그 다음으로', '그 다음에' 등의 표현으로 내용을 연결하는 것은 정리되지 못한 느낌을 줍니다. 또한 몇 가지를 이야기하려고 하는지, 어느 것이 마지막인지 판단할 수 없게 됩니다. 항목을 나열할 때는 막연히 다음으로 넘어가지 말고 목적지가 어디인지를 먼저 알려야 합니다. 논리적인 구조를 갖추었음을 알리기 위해 숫자가 가진 정돈과 논리의 힘을 활용하는 것이 좋습니다.

> **Case 1.**
> 우리 회사에서 개발하려는 A 제품이 제대로 판매될 수 있도록 하기 위한 방법에는 여러 가지가 있습니다.
> 먼저 고객의 생활 문화를 꿰뚫는 제품을 만들어야 합니다. 다음으로 시장의 트렌드 변화를 적용해야 합니다. 그리고 경쟁사보다 빨리 출시해야 하며, 다음으로 마케팅 포인트를 도출해야 하고, 디자인도 세련되어야 합니다. 그 다음으로는….

이 사례에서 보고자는 줄줄 읽듯이 이야기를 전개하고 있습니다. 이 보고가 끝난 후에 효과적인 판매를 위해 뭘 해야 하는지 알게 되는 상사가 몇이나 될까요?

◀ 무슨 이야기를 하고 있는 걸까?

유창하게 설명한다는 것은 입으로 계속 말을 이어간다는 의미가 아닙니다. 이와 같은 설명으로는 의사결정권자를 설득할 수 없습니다.

Case 2.

우리 회사에서 개발하려는 A 제품이 제대로 판매될 수 있도록 하기 위한 방법에는 여러 가지가 있습니다. 그 중 세 가지에 주목해야 합니다.

첫째, 고객의 요구를 반영해 그들이 공유할 문화를 만들어나갈 수 있어야 합니다.

둘째, 경쟁사보다 하루라도 빠르게 출시해 시장을 선도해야 합니다.

셋째, 고객은 제품의 수명보다는 디자인을 보고 구매하므로 40대가 선호하는 단순한 디자인을 적용해야 합니다.

이 세 가지가 A 제품의 판매에 가장 큰 영향을 끼치는 요소입니다.

앞의 사례와 비교하면 확실히 이야기가 정돈된 느낌입니다. 여러 가지 방법 중에서 가장 중요한 세 가지를 설명할 것을 미리 알리고, 첫째, 둘째, 셋째라는 숫자를 활용해 힘을 만들고 있습니다.

숫자는 복잡하거나 많은 내용을 들을 때 머릿속을 명확하게 정리해주는 효과가 있습니다. 제스처와 함께 사용하면 더 좋을 것입니다.

보고의 주어는 항상 일인칭입니다. 보고자나 우리가 보기에 중요한 내용을 말합니다. 그러나 우리가 중요하다고 생각한 내용을 의사결정권자도 중요하게 생각하고 있느냐의 문제를 돌아봐야 합니다. 보고에서는 '무엇을 말하느냐가 아니라 의사결정권자가 무엇을 듣느냐'가 중요하기 때문입니다. 상사나 고객의 머릿속에서 정리되고 기억될 수 있도록 평소에 꼬리에 꼬리를 무는 연결을 구조화하는 노력을 기울여야 합니다.

바른 목소리가
바른 보고를 만든다

목소리를 변화시켜 보고하기

여러분은 자신의 목소리를 들어본 적이 있나요? 물론 말할 때 자신의 목소리가 들리긴 하지만 자신이 듣는 목소리와 다른 사람이 듣는 목소리는 다릅니다. 이 차이를 확인하려면 목소리를 녹음해서 들어보면 됩니다. 스마트폰이나 보이스 레코더로 녹음해서 들어보세요. 자신의 목소리가 마음에 쏙 드는 사람도 있겠지만 대개는 낯설고 어색할 것입니다.

선천적으로 지닌 목소리를 바꿀 수는 없지만 성량이나 어조, 높낮이와 속도 등을 조절함으로써 충분히 변화를 줄 수 있습니다.

▶ 목소리를 녹음해서 들어보자.

보고자의 목소리는 보고의 성패를 좌우하는 중요한 요소입니다. 그 영향력을 80%라고 구체적으로 이야기하는 연구 결과도 있습니다[1]. 그러나 모든 의사결정권자의 마음에 드는 목소리를 들려줄 수는 없습니다. 그렇다면 그들이 싫어하는 목소리가 어떤 것인지 파악해 그렇게 하지 않는 것을 목표로 삼는 것이 합리적일 것입니다. 보고를 듣는 사람들이 싫어하는 목소리는 다음과 같습니다.

> 보고 실패의 80%는
> 지나치게 작은 목소리,
> 지나치게 평탄한 어조,
> 지나치게 무미건조한 목소리에서 비롯됩니다.

고속도로를 달리는 자동차와 비포장 국도를 달리는 자동차를 떠올려봅시다. 어느 쪽이 졸음운전을 할 확률이 높을까요? 고속도로에서 졸음운전을 할 확률이 더 높습니다. 직선 구간이 많고 신호대기를 할 필요도 없이 앞만 잘 보고 가면 되므로 긴장의 끈을 놓칠 수 있기 때문입니다. 그러나 비포장도로에서는 언제 어디서 무엇이 눈앞에 나타날지 모릅니다. 패인 곳이나 과속방지턱도 있고 신호 때문에 가다서다를 반복해야 합니다. 상대적으로 고속도로에 비해 예측 불가능한 변화가 많습니다.

보고자의 무미건조한 어조는 의사결정권자를 고속도로를 달리는 자동차의 운전자와 같은 상태로 만들어 지루하고 졸리게 합니다. 보고를 듣는 사람들을 집중하게 하려면 전달하고자 하는 내용에 맞게 목소리의 높낮이, 톤, 속도 등에 적절한 변화를 주어 지루할 틈이 없게 해야 합니다.

---

1) 미국의 사회심리학자 앨버트 메라비언(Albert Mehrabian)은 대화를 통해 내용을 전달할 때 목소리가 38%, 표정이 35%, 태도가 20%, 내용은 7%의 비중을 차지한다고 했습니다. 목소리가 3분의 1 이상의 영향력이 있다는 것입니다. 그래서 목소리는 제2의 얼굴이라고도 합니다.

우리는 전문적으로 목소리를 사용하는 사람들이 아니므로 성우나 아나운서처럼 유려한 음성과 완벽한 발성을 갖추지는 않아도 됩니다. 보고할 때 좋지 못한 인상을 주는 부분만 바꿔도 충분합니다. 지나치게 작은 목소리는 부정적인 영향을 미치므로 크게 말해 시원시원한 인상을 줍니다. 또 지나치게 평탄하고 무미건조한 어조로 지루함을 일으키지 않도록 톤과 속도에 적절하게 변화를 줍니다.

▲ 좋은 목소리는 '변화'가 핵심이다.

이를 다음과 같이 목소리 사용 스킬 3P(Power, Pitch, Pace)로 정리할 수 있습니다.

Power	목소리는 큰 편이 좋다.
Pitch	톤의 변화로 포인트를 강조한다.
Pace	속도의 변화로 포인트를 강조한다.

목소리는 큰 편이 좋다(Power=Volume)

목소리를 좋지 않게 사용하는 방법 중 하나가 지나치게 작게 말하는 것입니다. 평소에 대화할 때를 생각해봅시다. '도레미파솔라시도' 음계를 기준으로 우리는 어느 음에 맞춰 목소리를 낼까요? 아마도 '레' 음이나 '미' 음에서 이야기할 것입니다.

여기서 두세 음 정도만 올리면 목소리가 커집니다. 첫 번째 음성을 '솔' 음으로 시작해보세요. 큰 목소리는 자신감을 보일 수 있는 좋은 무기입니다. 특히 초반부에는 배에 힘을 주고 큰 목소리를 통해 자신감을 표현하는 것이 필요합니다.

▲ 큰 목소리는 자신감을 전달한다.

안녕하십니까? 오늘 보고를 맡은 ○○○ 입니다.

앞서 제시한 문장을 보통 목소리로 읽은 후 '솔' 음으로 다시 읽어봅니다. '솔' 음은 경쾌하고 밝고 친절한 느낌을 전달합니다. 그러나 '솔' 음만 계속 내면 목에 무리가 올 수 있습니다. 따라서 초반부에 자신감을 드러낼 때와 중요한 내용을 말할 때만 '솔' 음을 사용할 것을 추천합니다.

그리고 "안녕하십니까?"라는 인사말을 건넨 뒤에는 잠시 멈추었다가 자기 소개를 하는 것이 효과적입니다. 잠시 멈추는 시간은 '호흡' 구간입니다. 호흡을 해야 몸 안에 산소가 충분히 전달되고 계속 큰 목소리를 유지할 수 있습니다. 목소리를 크게 내면서 적절한 타이밍에 호흡을 하는 것이 중요합니다.

큰 목소리를 유지하고 호흡을 함께 사용하면서 다시 읽어봅니다.

> 안녕하십니까?
>
> (호흡)
>
> 오늘 보고를 맡은 ○ ○ ○입니다.
>
> (호흡)
>
> 2%의 차이를 만드는 보고의 세계로 여러분을 안내하겠습니다.

큰 목소리는 보고자 자신에게도 도움이 됩니다. 몸을 바르게 할 수 있고 공명이 생기기 때문에 떨림을 방지하는 심리적 안정감을 얻을 수 있습니다. 첫 인사부터 목소리를 시원하게 내는 것은 성공적인 보고의 첫 단추입니다.

톤의 변화로 포인트를 강조한다(Pitch=Emphasis)

계속해서 큰 목소리를 유지하는 것은 쉬운 일이 아닙니다. 자신감은 보고 초반의 첫인상이므로 1분 정도는 큰 목소리가 효과적입니다. 그리고 이후에는 전달하는 내용에 맞춰 조금 더 큰 목소리와 작은 목소리를 적절히 사용합니다.

그렇다면 높은 톤은 언제 사용하고, 낮은 톤은 언제 사용하는 것이 좋을까요? 톤을 높인다는 것은 일반적으로 그 내용이 중요하다는 강조의 표현입니다. 문장 전체 또는 문장 내 중요 키워드를 말할 때 목소리의 톤을 높이면 자연스럽게 그 문장과 키워드가 중요하다는 것을 전달할 수 있습니다.

톤의 변화는 주로 키워드에서 나타나야 합니다. 그런데 문장의 끝부분을 높이는 습관을 보이는 보고자가 있습니다. 여러분도 이처럼 문장 끝을 올리는 습관이 있는지 확인해야 합니다. 좋은 습관이 아니기 때문입니다.

강조할 때는 높은 톤으로!

▶ 높은 톤은 강조이다.

낮은 톤은 어떤 이야기를 전달할 때 사용할까요? 면접을 보는 상황을 가정해보겠습니다. 면접관이 "당신의 단점에 대해서 이야기해 보세요."라고 질문하자 피면접자가 "저는 좀 우유부단한 편입니다."라고 대답하는 상황입니다. 이때 '우유부단'이라는 단어를 높은 톤으로 이야기하면 자신의 단점을 강조하는 꼴이 되고 맙니다. 이럴 때는 낮은 톤을 사용하는 것이 효과적입니다. 우리 조직의 안 좋은 이야기, 예를 들어 "지난 분기 매출이 20%나 떨어졌습니다.", "수많은 주민이 단수로 고통을 받고 있습니다."와 같이 좋지 않은 사실을 전달할 때 키워드를 강조하는 것은 좋지 않습니다. 서로에게 불편한 사실을 전달할 때는 낮은 톤으로 이야기합니다.

▶ 낮은 톤은 불편한 이야기를
전달할 때 사용한다.

낮은 톤의 다른 활용법도 있습니다. 높은 톤으로 전달하다가 갑자기 낮은 톤을 사용면 갑자기 목소리가 작아지니 사람들이 귀를 기울이고 이야기에 집중하게 됩니다. 이것은 또 다른 강조법입니다. 그러나 갑자기 작게 말함으로써 강조하려면 보고의 전체 흐름과 현장 분위기를 파악하고 리드할 수 있는 노련한 기술이 필요하므로 낮은 톤은 좋지 못한 소식을 전할 때로 한정하는 것이 효율적입니다.

속도의 변화로 포인트를 강조한다(Pace=Rate)

목소리의 속도 또한 전달하는 내용과 관련해 적절하게 사용해야 합니다. 어떤 내용을 전달할 때 느리게 말하고 또 어떤 내용을 전달할 때 빠르게 말하면 좋을까요?

속도를 늦추는 것이 좋을 때는 높은 톤을 사용할 때입니다. 강조하는 문장과 키워드는 천천히 이야기하는 것이 좋습니다. 즉, 천천히 또박또박 큰 목소리로 말하면 중요한 포인트를 전달하는 데 효과적입니다. 가장 중요한 목소리 사용 스킬 중 하나입니다. 스티브 잡스나 TED 명연사들이 중요한 내용을 전달할 때 어떻게 하는지 주의해 들어 보세요. 영어를 자유롭게 알아듣지 못하는 사람도 들을 수 있을 정도로 천천히 말하는 것을 알 수 있습니다. 속도를 조절함으로써 전달 효과를 극대화하고 있는 것입니다.

▶ 강조할 때는 천천히
   이야기한다.

그렇다면 어떤 이야기를 전달할 때 속도를 빠르게 하면 될까요? 필자는 톤을 높이고 천천히 이야기해야 할 부분, 즉 강조해야 할 핵심 메시지를 제외한 나머지 내용은 모두 빠르게 전달해도 된다고 생각합니다.

톤과 속도를 조절해야 하는 부분은 의사결정권자가 기억해야 할 핵심 내용입니다. 이 내용은 정확하게 들려줘야 합니다. 그 내용이 보고자의 주장입니다. 그럼 나머지 내용은 무엇일까요? 주장을 입증하는 근거, 즉 사실입니다. 근거와 사실은 모두 기억하지 않아도 됩니다. 근거와 사실은 기억해야 할 주장이 왜 중요한지 입증해 이해가 되도록 하는 역할을 합니다. 이해를 위한 내용까지 기억할 필요는 없으므로 빠른 속도로 전달해도 문제가 없습니다.

근거와
사실은
빠른 속도로

▶ 근거와 사실은 빠른
　속도로 이야기한다.

다음과 같은 이야기를 전달한다고 가정합니다.

우리는 하루에 권장량인 15개에서 20개 정도의 아몬드를 먹어야 합니다.
그 이유는
첫째, 콜레스테롤을 감소시켜 성장기 어린이의 두뇌 발달과 수험생의 집중력, 기억력 향상에 도움이 되기 때문입니다.
둘째, 노화와 골다공증, 치매 예방에도 탁월한 역할을 하며, 심장 질환도 개선시키는 것으로 알려져 있기 때문입니다.
셋째, 아몬드는 다른 견과류에 비해 상대적으로 칼로리가 낮은 편으로, 다이어트를 하는 사람에게 좋습니다.
따라서 우리는 불포화 지방산인 올레인이 풍부한 아몬드를 많이 먹어야 합니다.

여기에서 보고자의 주장인 핵심 메시지는 "하루에 권장량인 15개에서 20개 정도의 아몬드를 먹어야 합니다."입니다. 이 부분은 천천히 또박또박 전달해 기억시켜야 합니다. 나머지 내용은 근거입니다. 중요 키워드에서 적절히 톤의 변화를 주면서 빠르게 말해도 문제가 없습니다. 기억하지 않아도 되지만 권장량을 먹어야 한다는 주장을 입증하고 이해하는 데 필요한 정보이기 때문입니다.

빠른 속도는 보고를 활기차게 합니다. 계속 천천히 말하면 지루해질 수 있습니다. 80% 이상의 내용은 포인트 위주로 빠르게 전달해도 됩니다.

지금까지 3P 목소리 사용법에 대해 살펴보았습니다. 목소리를 사용하는 고급 스킬이 하나 더 있습니다. 침묵(Pause)입니다. 적절한 침묵의 시간은 3초 정도입니다. 중요한 문장을 전달하고 3초 동안 아무 말도 하지 않고 상사나 고객을 바라보는 것입니다.

정적이 흐를 것이고, 집중하고 있었다면 그들은 바로 전에 들은 내용을 되새김질하고 있을 것입니다. 3초의 침묵은 극한의 강조법입니다. 그런데 이 방법은 전달 기술을 잘 갖추지 못한 보고자가 사용하면 독이 됩니다. 전달력이 뛰어나지 않은 보고자가 3초의 침묵을 사용하면 강조 효과는커녕 '왜 저 보고자는 말을 안 하지?'라고 생각하게 되므로 주의해서 사용해야 합니다.

▲ 3초 침묵을 잘못 사용하면 독이 된다.

목소리는 가장 중요한 자신감의 표현입니다. 자신감과 카리스마를 보이려면 큰 목소리부터 출발해서 비포장도로를 달리는 자동차처럼 속도와 크기에 변화를 주면서 가야 한다는 것을 잊지 마세요.

바른 자세가
바른 보고를 만든다

보고의 바른 자세

바른 자세의 대명사는 발레입니다. 발레에서의 바른 자세는 양발에 체중을 싣고 척추를 똑바로 하여 상체를 바로 세워 서는 것입니다. 몸에 익히는 것과 더불어 언제나 의식적으로 바르게 서는 것이 중요하다고 합니다.

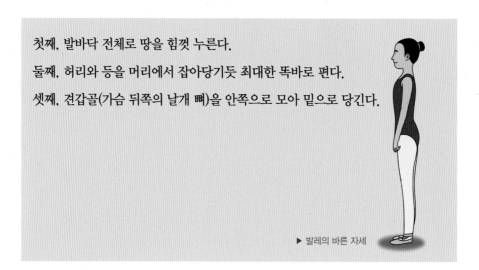

첫째, 발바닥 전체로 땅을 힘껏 누른다.
둘째, 허리와 등을 머리에서 잡아당기듯 최대한 똑바로 편다.
셋째, 견갑골(가슴 뒤쪽의 날개 뼈)을 안쪽으로 모아 밑으로 당긴다.

▶ 발레의 바른 자세

이 세 가지 법칙을 지키면 바른 자세이고, 세 가지 중 하나라도 지키지 못하면 앞으로 굽은 등이나 뒤로 젖혀진 등과 같이 바르지 못한 나쁜 자세가 됩니다. 발레의 바른 자세 법칙은 보고자에게도 동일하게 적용됩니다.

우선 바른 자세란 무엇을 말하는 것일까요? 바른 자세란 어떤 동작이나 행위를 할 때 우리의 뇌가 허리의 운동성을 전혀 고려하지 않는 상태를 의미합니다. 즉 우리의 몸과 머리가 불편함을 느끼지 않는 상태인 것입니다. 여기서 우리가 알아야 할 것은 좋지 못한 자세는 듣는 사람에게 불편함을 줄 뿐 아니라 보고자 스스로도 불편하게 한다는 것입니다. 뇌가 불편함을 인식하면 뇌 활동이 둔해지기 때문입니다.

좋지 못한 보고 자세

좋지 못한 자세부터 살펴보겠습니다. 필자가 보고 워크숍에서 가장 많이 본 자세는 오른쪽 그림과 같습니다. 이런 자세로 서 있는 보고자를 신뢰할 수 있을까요?

세계 최고의 보디랭귀지 전문가 앨런 피즈(Allen Pease)는 이를 '망가진 지퍼 자세(The Broken Zipper Position)'라 부르고,《당신은 생각보다 많은 것을 말하고 있다(You Say More Than You Think)》의 저자 재닌 드라이버(Janine Driver)는 '거시기 자세' 또는 '무화과 나뭇잎 자세'라 부릅니다. 이 자세를 보디랭귀지 학자들은 인간이 취할 수 있는 가장 소극적인 자세로 분석하고 있습니다.

▲ 보고자의 60% 이상이
취하는 자세

보고 무대에서 보고자가 이런 자세를 취하면 상사나 고객을 불편해하거나 두려워하고 있다는 인상을 줍니다. 허리 아래에서 묶어 잡은 손은 불안정한 인상을 줄 뿐 아니라 보고자에게도 전혀 도움이 되지 않습니다. 손은 자연스럽게 내려 놓거나 보고 내용에 맞춰 가볍게 움직이는 것이 좋습니다.

▲ 초점을 흐트러지게 하는 잦은 움직임

그런가 하면 몸을 앞뒤 또는 좌우로 흔들흔들 움직이며 말하는 보고자도 있습니다. 보고할 때는 상사나 고객의 시선을 흐트러지게 하지 말아야 합니다. 말을 하는 상대방의 몸이 계속 흔들리면 신경이 쓰이게 됩니다. 대화 중에 상대방이 다리를 떨거나 볼펜을 돌리거나 딱딱 소리를 낼 경우 대화에 집중할 수 없는 것과 마찬가지입니다.

보고를 할 때는 적절한 움직임이 필요하지만 이와 같은 잦은 움직임은 곤란합니다. 초점을 흐트러지게 하는 흔들림이 없어야 상사나 고객이 시선을 고정할 수 있고 방해를 받지 않은 상태에서 이야기를 들을 수 있기 때문입니다.

자신감 있는 보고 자세

바른 자세를 취하면 편안하게 이야기를 전달할 수 있습니다. 또한 상사나 고객에게 보고자의 자신감이 전해지게 됩니다. 자신감이 전달되는 것도 첫인상입니다. 그러므로 입장과 동시에 바른 자세를 보여야 합니다. 자신감을 전하는 바른 자세의 세 가지 조건을 살펴보겠습니다.

> 첫째, 양발을 골반 넓이만큼 벌린다.
>
> 둘째, 양손은 자연스럽게 내린다.
>
> 셋째, 불필요한 몸의 흔들림을 없앤다.

양발을 골반 넓이만큼 벌린다

가장 기본적인 자세는 양발을 벌리고 똑바로 서는 것입니다. 이 자세는 당신이 신뢰할 만한 사람이라는 인상을 줄 뿐만 아니라 보고자 스스로도 자신감을 갖게 합니다. 양발을 벌리고 자신감 있는 자세를 취하면 호르몬에도 긍정적인 영향을 끼친다는 연구 결과도 있습니다[2]. 바르고 힘 있는 자세를 취하면 스트레스 호르몬인 코르티솔의 분비량이 25% 감소하는 반면 테스토스테론은 20% 증가하여 자신감이 생긴다는 것입니다.

▲ 좋지 못한 차렷 자세

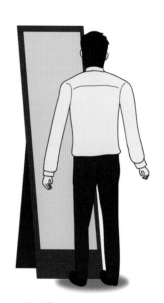

▲ 전신 거울 앞에서 보폭을 확인한다.

-----

2) 하버드 대학교 비즈니스 스쿨 에이미 커디(Amy Cuddy) 교수의 〈하이 파워 포즈(High Power Pose)〉 실험

양발의 보폭은 전신 거울을 통해 확인합니다. 어깨나 골반 너비는 신체에 따라 차이가 있으므로 정해진 너비가 있는 것은 아닙니다. 전신 거울 앞에 서서 조금씩 발을 벌려봅니다. 조금씩 벌리다 보면 마치 카메라의 초점이 맞춰지는 것처럼 가장 안정적인 발의 너비를 찾을 수 있습니다. 그 너비를 기억하고 실전에서 같은 포즈를 취합니다.

양손은 자연스럽게 내린다

양손은 몸에 붙이지 말고 편안하게 내리는 것이 좋습니다. 손이 몸에 붙어 있으면 경직되어 보입니다. 긴장하고 있는 상태에서는 손의 움직임이 적어지고, 그러다 보면 손을 몸에 붙이고 서 있는 경우가 많아집니다. 그럴수록 긴장을 풀어야 합니다.

가장 좋은 자세는 손을 허리의 벨트라인을 기준으로 80% 이상 위쪽에 두는 것입니다. 기본 자세로 손의 위치를 벨트라인 위쪽(Hands Clenched In Middle Position)에 모아 놓는 것도 좋습니다. 다만, 손이 계속 묶여 있지 않도록 내용에 따라 자연스럽게 움직입니다.

무엇보다 보고자의 손과 발이 편해야 합니다. 손과 발의 편안함은 긴장을 완화하는 데 도움이 됩니다. 긴장될수록 손과 발을 편안하게 하고 적절한 움직임을 통해 몸을 편하게 해야 말도 편안하게 할 수 있습니다.

▲ 손은 편안하게
내리거나 움직인다.

불필요한 몸의 흔들림을 없앤다

불필요한 몸의 흔들림과 발의 잦은 움직임을 없애야 합니다. 특히 초반부에 몸을 흔들거리면 좋은 첫인상을 줄 수 없습니다. 잔 움직임은 몸을 이동하는 것과는 다릅니다. 목적을 갖고 이동(Movement)하는 것과 발을 고정하지 못하고 스텝을 밟듯 이리저리 움직이는 것은 다릅니다. 듣는 사람이 집중할 수 없을 뿐 아니라 보고자의 자신감도 없어 보입니다.

몸의 흔들림과 잦은 움직임을 없애려면 양발의 뒤꿈치를 완전히 지면에 밀착시키고 서서 이야기합니다. 특히 말을 할 때는 흔들림이 없어야 합니다. 그래야 상사나 고객이 보고에 집중할 수 있습니다.

▲ 양쪽 뒤꿈치를 고정하여 흔들림을 없앤다.

턱을 들지 않고 이야기하는 것도 중요합니다. 상사나 고객은 대부분 앉아서 듣기 때문에 서 있는 보고자가 턱을 들고 있으면 좋지 않은 인상을 받게 됩니다. 턱을 당기고 시선은 눈높이보다 약간 낮은 방향을 바라보아야 합니다.

보고 내용을 자연스럽게 전달할 수 있는 주춧돌은 바른 자세임을 잊지 말아야 합니다. 바른 자세를 해야 불편함 없이 편안하게 이야기할 수 있습니다.

보디랭귀지로
의사를 제대로 표현한다

말보다 빠른 보디랭귀지

커뮤니케이션이나 보고에 빠지지 않는 요소가 보디랭귀지입니다. 말과 보디랭귀지는 일치해야 하며, 이때 자주 함께 언급되는 것이 메라비언의 법칙[3]입니다. 사실 메라비언의 법칙은 감정과 태도에 관한 소통 실험이므로 일반적인 소통이나 보고 상황에 동일한 수치의 영향력을 적용하기에는 조금 무리가 있을 수 있습니다. 그러나 실제 보고 사례나 커뮤니케이션의 많은 법칙들을 통해 보디랭귀지가 무시할 수 없는 요소라는 것을 확인할 수 있습니다.

자신감 있는 보디랭귀지와 목소리는 신뢰와 열정을 전달하는 가장 기본적인 수단입니다. 그렇기 때문에 보고자는 온몸으로 이야기해야 합니다.

---

[3] 메라비언의 법칙(The Law of Mehrabian)은 1971년에 발표된 〈Silent Messages〉를 기반으로 '7%-38%-55% 법칙'을 제시하면서 보디랭귀지를 강조하고 있습니다.

▲ 말보다 빠른 보디랭귀지

손은 말보다 더 좋은 의사전달 수단

보디랭귀지에 있어서 손은 보고 내용을 강조할 수 있는 매우 중요한 수단입니다. 일반적인 손의 움직임을 통해 편안하고 자연스러운 느낌을 주고, 중요한 포인트나 강조할 문장을 말할 때 손으로 함께 그린다면 상사나 고객은 보고자가 무엇을 강조하고 있는지 쉽게 인지할 수 있습니다. 손이 말보다 좋은 의사전달 수단이 될 수 있다는 의미입니다.

다음 그림을 보면 보고자가 어떤 의미로 손을 사용하고 있는지 직관적으로 알 수 있을 것입니다.

▲ 손을 이용한 의사전달

손은 말을 보완하는 중요한 수단입니다. 이처럼 손을 사용해 말을 강조하는 방법을 '핸드 제스처(Hands Gesture)'라고 합니다. 광범위한 의미에서는 보디랭귀지이지만 필자는 핸드 제스처를 '사인 랭귀지(Sign Language)'라고 부릅니다. 말의 의미를 강조해 의사결정권자의 머릿속에 이미지를 그려줄 수 있기 때문입니다.

제스처는 정확한 의미를 전달할 수 있도록 사용해야 합니다. 펭귄처럼 해서는 안 됩니다. 몸 안쪽에서, 그리고 벨트라인 아래에서 형성되는 제스처는 오히려 소극적으로 보이기 때문입니다. 또한 너무 빠르게 사용해도 안 됩니다. 손을 잠깐 올렸다가 바로 내리거나 정확하게 이미지를 만들어주지 않으면 제스처를 사용하지 않는 것보다 못합니다.
가장 기본적인 핸드 제스처는 다음과 같습니다. 특별한 의미는 없지만 이야기의 흐름을 도와주는 동작입니다.

▶ 몸 안에서의 작은 제스처는 소극적으로 보인다.

첫째, 양손은 벨트라인 위에서 자연스럽게 움직인다.

둘째, 손바닥을 자주 보이면서 호감을 준다.

셋째, 강한 주장이나 중요한 포인트를 강조할 때는 한 손을 모아서 사용한다.

양손은 벨트라인 위에서 자연스럽게 움직인다

손은 상사나 고객이 볼 수 있는 위치에서 움직여야 합니다. 벨트라인 아래에서 움직이는 손은 소극적으로 보입니다. 따라서 벨트라인을 기준으로 위쪽, 눈높이, 좌우로 자신의 몸의 두 배가 되는 위치에서 말과 함께 자연스럽게 움직여야 합니다.

여기서 주의할 점은 양손을 균형 있게 사용해야 한다는 것입니다. 한 손으로만 동작을 하면 안정적으로 보이지 않습니다. 그리고 평소에 잘 사용하지 않는 손에 더욱 신경을 써야 합니다. 오른손잡이라면 왼손, 왼손잡이라면 오른손을 사용하는 빈도를 높이는 연습을 일상적으로 자주 연습하는 것이 좋습니다.

▲ 손의 위치는 벨트라인 위쪽에 두는 것이 좋다.

손바닥을 자주 보이면서 호감을 준다

핸드 제스처가 익숙하지 않다면 손바닥과 손등의 법칙을 활용하는 것부터 출발하는 것이 좋습니다. 보고 초반부에 가장 많이 사용해야 하는 핸드 제스처는 손바닥을 활용하는 것입니다.

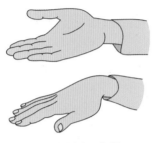

▲ 손바닥과 손등의 사용

일반적으로 악수를 할 때는 손바닥을 상대에게 보입니다. 이것은 "나는 당신을 해할 무기를 가지고 있지 않다."는 의미로, 보디랭귀지에서는 복종의 의미로 해석합니다. 보고자가 상사나 고객에게 복종하라는 의미는 아닙니다. 호감도를 높이는 보디랭귀지를 사용하라는 것입니다. 대중을 향해 인사하거나 연단에서 손동작을 보이는 정치인들을 살펴보세요. 손바닥을 노출하는 빈도가 높습니다.

▲ 손바닥을 보이면 호감을 표현할 수 있다.

손바닥을 많이 보이는 동작은 보고자의 호감도를 높이는 긍정적인 작용을 합니다. 따라서 몸 안에서 밖으로 펼치는 듯한 외향적인 제스처(Open Gesture)를 통해 초반부터 상사나 고객을 사로잡을 수 있어야 합니다.

강한 주장이나 중요한 포인트를 강조할 때는 손을 모아서 사용한다

히틀러가 나치 인사법을 사용하지 않았다면 어느 나라도 독일을 두려워하지 않았을 것이라는 이야기가 있습니다. 나치 인사법은 손등으로 누르듯이 손동작을 취함으로써 상대방을 제압하는 강함을 상징하는 인사법으로 유명합니다.

▲ 손등의 사용은 강함을 표시한다.

히틀러는 제1차 세계대전 때 일개 병사에 불과했습니다. 체격이 왜소하고 대중 앞에 선 경험이 없었습니다. 히틀러는 거울 앞에 서서 말하는 법을 연습하기 시작했는데, 극적인 효과를 위해 손동작을 직접 녹화하며 끈질기게 훈련을 거듭했다고 합니다. 대중을 사로잡고 통제하기 위해 손을 활용한 것입니다.

보고에서도 마찬가지입니다. 중요한 포인트를 알리거나 강한 주장을 펼칠 때는 손등을 사용합니다. 손을 모아 핵심을 꼭 짚는 듯한 동작이나 손을 펴서 물건을 누르듯 힘을 주는 동작만으로도 무엇이 중요하고 무엇이 덜 중요한지 전달할 수 있습니다.

나만의 핸드 제스처 익히기

손바닥과 손등의 법칙을 충분히 몸에 익혔다면 의미를 담은 핸드 제스처를 만들 수 있어야 합니다. 예를 들어 "전 오늘 여러분께 세상에서 가장 빠르게 문서 작업을 할 수 있는 세 가지 방법에 대해 설명 드리겠습니다."라는 말을 한다면 '세 가지' 부분에서 한 손으로 세 손가락을 펴서 표현할 것입니다. 세 손가락을 펴는 동작은 숫자를 통해 정확하고 강력하게 의미를 전달하는 핸드 제스처입니다.

▲ 의미를 담은 핸드 제스처를 만들어 사용한다.

이와 같은 제스처는 그때그때 애드리브로 하는 것이 아닙니다. 무대에 올라가기 전에 미리 준비하는 것입니다. 계획한 제스처를 충분히 연습한 후에 보고에 들어가야 합니다. 그렇게 하지 않으면 실전에서 손이 올라가지 않는 경우가 허다합니다. 제스처는 자연스럽게 하는 것이 가장 중요합니다. 따라서 몸이 알아서 할 수 있을 때까지 충분히 연습할 것을 권합니다.

눈을 보고 이야기하라

눈을 보면 마음이 보인다

사랑에 빠진 연인들의 몸에는 페닐에틸아민이라는 신경전달물질의 농도가 상승해 감각 인지 기능에 변화가 생긴다고 합니다. 그래서 페닐에틸아민을 '사랑의 호르몬'이라고도 합니다. 미국의 심리학자 캘러먼(Kellerman)과 루이스(Lewis)는 페닐에틸아민을 솟구치게 하는 가장 쉬운 방법을 1989년에 실험 결과로 제시했습니다. 그들은 처음 만나는 남녀 48명을 모집하고 두 그룹으로 나누어 한 그룹에 2분간 상대의 '눈'을 바라볼 것을 요구했습니다. 다른 그룹에는 특별한 요청을 하지 않았습니다.

요청을 받지 않은 그룹은 2분 후 서로에 대한 감정에 아무런 변화가 없었지만, 눈 맞춤을 했던 그룹에서는 서로에 대한 호감도가 상승했고, 연인으로 관계가 발전한 커플도 생겼다고 합니다.

▲ 2분간 상대방의 눈을 응시하면 호감도가 상승한다.

눈 맞춤은 연인 관계에서만 중요한 것이 아닙니다. 보고에서도 상사나 고객에 대한 중요한 단서를 제공하는 길잡이가 됩니다. 그런데 보고자들은 가장 어려운 것이 눈 맞춤이라고 대답합니다. 연인 관계의 눈 맞춤보다 더 어려울 수도 있습니다. 그런데 눈 맞춤에 신경 쓰지 않으면 어떤 결과가 초래될까요?

스크린만 보면서 말하는 것은 벽을 보고 이야기하는 것과 같습니다. 대화와 교류를 포기한 것이라 해도 과언이 아닙니다. 또한 보고에 대해 상사나 고객이 온몸으로 전달하는 반응과 수많은 단서들을 확인하지 못합니다.

눈 맞춤을 해야 하는 이유

우리는 왜 보고할 때 눈 맞춤을 하면서 이야기해야 할까요? 그 이유는 단순합니다. 보고할 때 상사나 고객을 볼 수 있다는 것은 보고자의 자신감과 카리스마를 보이는 수단이 됩니다. 또 거짓말을 하는 사람은 상대의 눈을 제대로 바라보지 못합니다. 따라서 눈을 보고 이야기한다는 것은 자신의 말에 대한 신뢰도를 높이는 방법이기도 합니다.

보고자는 상사나 고객의 상태를 눈으로 모니터링해야 합니다. 보고 내용을 잘 받아들이고 있는지, 또 어떤 부분을 이해하지 못하고 있는지를 확인할 수 있는 가장 효과적인 방법이 눈 맞춤입니다. 눈을 보면 그 사람의 감정과 생각에 대해 의미 있는 단서를 찾을 수 있고, 그 사람이 무엇을 하고 있는지도 파악할 수 있습니다. 오른쪽 옆이나 위를 쳐다본다면 대답할 말을 생각하고 있는 것이고, 왼쪽 옆이나 위를 쳐다본다면 뭔가를 기억해내는 중이라는 의미로 읽을 수 있습니다. 따라서 적어도 발표 시간의 80%는 눈 맞춤을 해야 합니다.

▲ 보고 시간의 80% 이상은 눈 맞춤을 해야 한다.

이렇게 눈 맞춤하라

보고하는 동안 눈 맞춤은 어떻게 해야 할까요? 다음은 가장 대표적인 세 가지 방법입니다.

첫째, 보여주고 쳐다보며 이야기한다(Show – See – Speak).
둘째, 한 문장을 말하는 동안 한 사람만 바라본다(One Sentence One Person).
셋째, 앞뒤 좌우를 활용해 중복과 누락 없이 골고루 시선을 맞춘다.

보여주고 쳐다보며 이야기한다

눈 맞춤이 안 되는 가장 큰 원인은 슬라이드를 보는 방법이 잘못되었기 때문입니다. 대부분의 보고자는 계속 슬라이드를 보면서 이야기합니다. 일단 눈이 고정되면 자신도 모르게 슬라이드의 내용을 읽습니다. 일종의 습관처럼 이루어지는 행위이므로 우선 이 습관에서 벗어나야 합니다.

먼저 슬라이드를 전환합니다(Show).

상사나 고객쪽으로 몸을 돌려 바라봅니다(See).

상사나 고객과 눈 맞춤을 하며 내용을 전달합니다(Speak).

3S(Show – See – Speak) 법칙을 머릿속에 입력해두어도 실전 무대에서는 잘 되지 않는 경우가 많습니다. 3S를 활용할 수 있으려면 무엇보다 슬라이드의 핵심 메시지가 무엇인지 정확하게 알고 있어야 합니다. 또한 슬라이드를 전환하는 순간 그 메시

지를 빠르게 읽을 수 있어야 합니다. 그래야만 슬라이드에서 눈을 돌려 상사나 고객을 보면서 이야기할 수 있습니다. 슬라이드를 전환할 때 브릿징이나 연결구 등을 활용해 계속 이야기하는 것도 좋습니다. 흐름을 끊지 않고 자연스럽게 이야기를 전개할 수 있기 때문입니다.

한 문장을 말하는 동안 한 사람만 바라본다

이제 보고자의 모습을 살펴보겠습니다. 우선 시선은 약간 아래를 향해야 합니다. 서 있는 보고자가 앉아 있는 상사나 고객을 보고 있다면 당연히 시선은 하향으로 유지될 것입니다. 그러나 보고자의 시선이 상사나 고객 방향의 천정이나 뒤쪽 벽을 보고 있다면 눈 맞춤이 잘못된 것입니다. 눈 맞춤을 두려워하거나 내용을 생각하는 경우 무의식적으로 나타날 수 있는 현상이므로 주의해야 합니다.

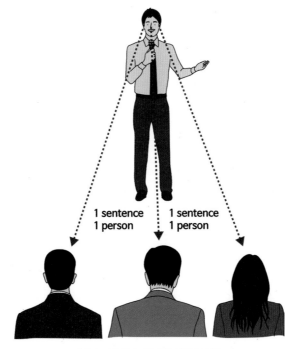

▲ 상사나 고객 외의 다른 곳을 바라보지 않는다.

또한 1대 1로 이야기하듯 한 사람을 바라보는 것이 중요합니다. 이때 눈 맞춤의 원리는 'One Sentence One Person', 즉 한 문장을 이야기할 때 한 사람만 바라보는 것입니다. 문장을 채 마치지 않고 시선을 움직이면 두리번거리는 느낌을 줍니다. 시선의 이동이 지나치면 불안해 보이거나 자신감이 없어 보입니다. 한 사람에게 한 문장씩 전달한다고 생각하고 눈 맞춤을 해봅니다. 어느 정도 자신이 생기면 문장의 시작과 끝에 집착하지 말고 적당한 간격으로 여유 있게 바꿉니다.

눈 맞춤을 할 때는 다음과 같은 점에 주의합니다.

첫째, 선형적으로 시선을 옮기지 않아야 합니다. 한 사람과 눈을 맞춘 후 바로 옆 사람으로, 계속해서 그 옆 사람으로 차례차례 시선을 옮기지 말라는 의미입니다. 그렇게 차례로 눈을 맞추면 예측이 되므로 좋지 않습니다. 눈 맞춤은 비선형적으로 앞뒤 좌우로 이동해야 좋은 결과를 얻습니다.

둘째, 몇몇 상사나 고객에게 편중되게 시선 처리를 하는 것은 피해야 합니다. 고개를 계속 끄덕여주거나 웃음 지으며 호의적으로 바라보고 있는 사람이 있다면 시선이 자주 갈 것입니다. 그러나 내 마음이 편한 곳으로만 시선을 보내는 것보다는 전체적으로 골고루 시선을 두는 것이 바람직합니다. 물론 그중에 의사결정권자가 있다면 다른 상사나 고객보다 한두 번 더 눈 맞춤을 하는 것은 좋습니다.

우리는 대화할 때 상대의 눈만 똑바로 계속 바라보지 않습니다. 눈의 약간 위쪽이나 아래쪽을 보기도 하고 얼굴 전체를 보기도 합니다. 보고에서도 마찬가지입니다. 계속해서 눈을 보는 것은 쉽지 않습니다. 정면으로 눈을 주시하는 것보다는 콧잔등이나 코끝을 보는 것이 덜 부담스러울 것입니다.

| 업무형 눈 맞춤 | 사교형 눈 맞춤 | 친밀형 눈 맞춤 |

▲ 상황과 친밀도에 따라 눈 맞춤의 위치를 조절한다.

위 그림은 친밀도에 따라 어떤 위치를 바라보며 이야기하는 것이 적절한지 보여줍니다. 보고에 가장 적합한 눈 맞춤법은 사교형 눈 맞춤입니다. 그리고 때에 따라 상사나 고객을 장악해야 한다면 업무형 눈 맞춤을 사용해 시선을 떨어뜨리지 않도록 하면 자신감을 보이는 데 도움이 됩니다. 친밀형 눈 맞춤은 아주 친한 경우에만 사용하므로 보고에는 적합하지 않습니다. 또 눈이 지나치게 아래로 향하면 머리를 숙이는 동작으로 잘못 인식될 수도 있으니 주의합니다.

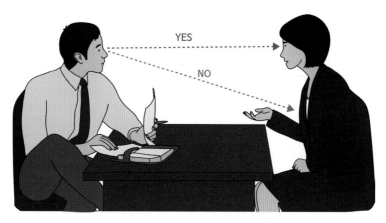

▲ 친밀형 눈 맞춤은 아주 친한 경우에만 사용한다.

또한 상사나 고객의 눈을 직접 바라보면 그들의 모습에 따라 심리적인 부담감을 갖게 되거나 긴장감이 커질 수 있습니다. 그들의 표정만 봐도 상태를 예측할 수 있기 때문에 눈을 직접 응시하는 것보다는 얼굴 전체를 바라본다는 생각으로 눈 맞춤을 하는 것이 좋습니다. 특히 초보 보고자는 눈을 직접 바라보지 않는 것이 바람직합니다. 심리적인 부담감이 큰 상태에서 호의적이지 않은 모습이 눈에 들어오면 더욱 긴장하기 때문입니다. 이처럼 눈 맞춤으로 인해 부담감을 느끼게 될 수 있다 해도 보고자는 그 역할을 받아들여야만 합니다.

▲ 눈 아래 콧잔등을 보면 덜 부담스럽다.

앞뒤 좌우를 활용해 중복과 누락 없이 골고루 시선을 맞춘다

눈 맞춤을 잘 하는 보고자의 특징 중 하나는 좌우로 시선 처리를 아주 익숙하게 한다는 것입니다. 하지만 좌우뿐 아니라 앞뒤로의 시선 처리도 하면서 모두에게 골고루 시선을 맞추어야 합니다. 다시 말하면 한 명이라도 눈 맞춤에서 소외되지 않도록 골고루 시선을 배분해야 합니다. 눈 맞춤은 상대를 내 편으로 만드는 아주 강력한 무기이기 때문입니다.

눈 맞춤은 뒤쪽부터 시작하는 것이 좋습니다. 가까이 있는 상사나 고객과 눈이 마주치면 서로 불편해 눈을 피하는 경우가 많습니다. 이렇게 눈을 피하는 행동을 보면 긴장을 하게 되고 부담을 느끼는 등 좋지 못한 영향을 끼칠 수 있습니다. 따라서 눈 맞춤은 뒤쪽부터 좌우 방향을 활용하면서 앞으로 서서히 이동하는 것이 바람직합니다. 특히 전체를 모두 바라보는 시선 처리를 초반부에 하는 것이 좋습니다.

이때 사용하는 눈 맞춤의 방법은 'Z'자를 그리는 것입니다. 시선을 왼쪽 뒤에서 출발해 오른쪽 방향으로 이동하고, 대각선으로 왼쪽 앞 방향으로 이동한 후 다시 앞쪽에서 오른쪽으로 옮깁니다. 눈으로 'Z'자를 그리는 것입니다.

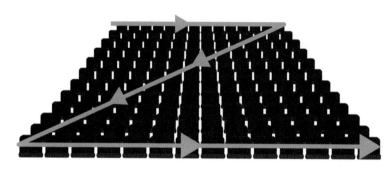

▲ 뒤쪽부터 Z 자를 그리듯이 눈 맞춤을 한다.

다음에는 거꾸로 'Z'자를 그리면서 눈 맞춤을 합니다. 왼쪽 뒤에서 먼저 출발했다면 다음에는 오른쪽 뒤에서 출발해 왼쪽으로 이동합니다. 이전 'Z'자로 눈 맞춤한 것과 반대로 시선처리를 하는 것입니다. 이렇게 'Z'자를 두 번 정도 그리며 눈 맞춤을 하면 상사나 고객은 모두 자신과 한 번 정도 눈 맞춤을 한 것으로 받아들입니다.

상대의 몸짓을 파악하면서 보고한다

입으로 말하지 않는 것을 듣는다

보디랭귀지의 사전적 의미는 '언어에 의하지 않고 몸짓, 손짓, 표정 등 직접적인 신체의 동작으로 의사나 감정을 표현, 전달 또는 이해하는 행위'입니다. 질의응답을 제외하면 주어진 시간 내내 말을 하는 사람은 보고자뿐입니다. 상사나 고객은 듣기만 합니다. 그런데 그들은 제2의 언어로 무언의 메시지를 전합니다. 그것이 바로 보디랭귀지입니다. 보고자가 눈 맞춤을 해야 하는 가장 중요한 이유도 그 제2의 언어를 읽어야 하기 때문입니다. 지금 이 순간 상사나 고객이 발표 내용에 대해 어떤 생각을 갖는지, 이해했는지, 거부하는지, 긍정하는지 모든 것을 알려주는 것이 보디랭귀지입니다.

보고자가 표현하는 보디랭귀지도 중요합니다. 활기찬 악수와 충분한 시선 접촉, 진심 어린 미소, 적절한 시점에서의 웃음, 편안한 태도와 자세 등입니다. 따라서 불안한 태도를 보이지 않고 시선을 유지할 수 있도록 노력해야 합니다.

부정적인 몸짓을 파악하라

그렇다면 상사나 고객의 보디랭귀지에서 우리는 무엇을 봐야 할까요?

가장 쉬운 방법은 그들의 보디랭귀지를 분석하는 것입니다. 보고의 기회는 '딱 한 번' 입니다. 그러므로 상사나 고객과의 소통을 이어가려면 그들의 보디랭귀지를 이해하며 이야기를 전개해야 합니다. 하지만 보디랭귀지를 잘못 읽어서 실패하는 경우를 종종 볼 수 있습니다.

▲ 보디랭귀지를 어떻게 읽어야 할까?

상사나 고객은 몸으로 속마음을 드러내는 경우가 많으므로 그들의 보디랭귀지를 정확하게 해석해야 제대로 된 소통을 할 수 있습니다. 상사나 고객의 현재 상태에 맞춰 이야기를 전개해야 좋은 결과를 얻을 수 있기 때문입니다. 그리고 긍정적인 의미의 몸짓보다는 부정적인 의미의 몸짓을 해석할 수 있어야 합니다.

고개를 끄덕이고 있다면

보고를 하다 보면 고개를 끄덕이는 상사나 고객이 종종 있습니다. 그런데 어떤 사람은 고개를 빠르게 끄덕이고, 또 어떤 사람은 천천히 끄덕입니다. 그렇다면 둘 중 어느 쪽이 긍정이고 어느 쪽이 부정일까요?

▲ 고개를 빠르게 끄덕여야 긍정일까?

우리가 평상시에 어떻게 하는지 떠올려봅시다. 아이디어가 잘 생각나지 않다가 갑자기 떠오르면 천천히 고개가 끄덕여집니다. 고개를 천천히 끄덕이는 것은 일반적으로 긍정의 의미입니다. 그런데 발표를 들으면서 고개를 빠르게 끄덕이고 있다면 속으로 '응, 됐어. 더 들을 게 없군. 빨리 끝내면 좋겠네!'라고 생각하고 있을지도 모릅니다.

턱을 괴거나 뺨에 손을 대고 있다면

손바닥으로 턱을 괴고 있다면 보고자의 이야기가 지루하다는 의미로, 매우 위험한 신
호입니다. 이럴 경우에는 어떻게 해야 할까요?

▲ 상사나 고객이 턱을 괴고 있다면?

손으로 턱을 괸 상태에서는 계속 졸리거나 지루해집니다. 그러므로 가벼운 질문을 하
거나 기지개를 켜게 하는 등의 방법으로 손을 풀게 해야 합니다. 준비해둔 유머를 사
용해 지루함을 달래주는 것도 좋습니다. 또는 준비한 이야기의 핵심만 줄여서 이야기
하는 것이 좋을 수도 있으니 빠르게 판단하도록 합니다.

뺨에 손을 대고 있는 것도 부정적인 보디랭귀지입니다. 이런 경우에는 질문을 해서 문
제를 파악해야 합니다. 무엇 때문에 제안이 마음에 들지 않는지 말입니다. 우리의 제
안에 부정적인 의사를 가진 상사나 고객에게 계속해서 이야기를 전개한다면 결과는
불을 보듯 뻔하기 때문입니다.

갑작스럽게 팔짱을 낀다면

보고를 듣는 동안 팔짱을 끼고 있거나 중요한 제안이 나왔을 때 갑작스럽게 팔짱을 끼는 경우도 있습니다. 이는 강한 부정의 표현이라고 해석하는 것이 일반적입니다.

▲ 갑작스러운 팔짱은 강한 부정이다.

안타깝지만 보고가 실패할 확률이 높아졌다는 것입니다. 위기 대처법이 있을까요? 이런 상황이라면 너무 늦었다고 보아도 크게 틀리지 않을 것입니다.

보디랭귀지를 분석할 때는 반드시 어떤 상황에서, 어떤 이야기를 들을 때 보디랭귀지가 나타나는지를 파악해야 합니다. 상황과 맥락 없이 잠깐 나온 보디랭귀지를 섣불리 해석하는 것은 금물입니다. 또한 부정적인 보디랭귀지가 파악되면 화제를 전환하거나 분위기를 전환해야 합니다. 그런데 실전에서 당황하지 않고 자연스럽게 분위기를 전환하는 것은 쉽지 않습니다. 따라서 그런 부분까지 미리 준비하는 것이 필요합니다. 상사나 고객이 우리의 제안에 부정적인 생각을 갖고 있다는 징후가 발견되면 어떻게 다시 이끌어갈 것인지에 대한 대안을 준비 과정에서 마련해야 합니다.

머뭇거린다면 나의 편으로 만들어라

부정적인 보디랭귀지만 있는 것은 아닙니다. 오히려 기회 요소를 찾을 수 있는 보디랭귀지도 있습니다.

턱에 손을 가져다 댈 때

보고가 진행되는 동안 상사나 고객이 턱에 손을 대는 몸짓을 보인다면 이 보디랭귀지는 어떻게 해석해야 할까요? 지금은 중립적인 상태라고 볼 수 있습니다. '할까? 말까? 고민되네.'라는 속마음을 가지고 있는 것입니다.

▲ 신중한 생각이 필요할 때는 턱에 손이 간다.

이때는 보고자의 역할이 중요합니다. 좀 더 믿음을 줄 수 있는 이야기를 전개함으로써 이쪽으로 끌어들여야 합니다. 중립 상태는 부정적인 상태로 넘어갈 수도 있지만 보고자가 자신의 주장에 대해 강력한 의지와 확신을 재차 강조하면 얼마든지 긍정적인 상태로 이동시킬 수 있습니다. 주장의 당위성을 한 번 더 강조하고 행동을 촉구해야 합니다. 가능하다면 가벼운 신체 접촉을 하는 것도 좋은 방법입니다. 터치포인트를 만들어 우리 편으로 만들 수 있기 때문입니다.

중립 상태의 다양한 보디랭귀지

중립 상태의 몸짓은 다양합니다. 턱에 손을 대거나 귓불, 목덜미, 코, 눈곱을 만지는 행동 등이 대표적인 중립 상태의 몸짓입니다. 이 기회를 놓치지 말고 긍정적인 방향으로 끌어들일 수 있도록 대응해야 합니다. 상사나 고객의 의중을 파악해 유연하게 상황에 대처할 수 있다는 것이 보디랭귀지를 이해하고 활용해야 하는 가장 큰 이유입니다.

▲ 중립적인 보디랭귀지 유형

보고자는 무대에서 발표 내용을 읽는 것 외에도 많은 것을 해야 합니다. 상사나 고객에게 눈을 맞추고 그들의 상태를 파악하는 것 역시 매우 중요합니다. 보디랭귀지는 보고자의 자신감과 자연스러움을 이끌어내는 중요한 무기이자 상사나 고객의 현재 상태를 해석할 수 있는 중요한 단서이므로 주의 깊게 이해해야 합니다.

비대면 화상회의 보고 노하우

비대면 커뮤니케이션(Virtual Meeting) 환경

코로나19는 '줌하다(Zoom)'라는 동사를 새롭게 만들었습니다. "I can Zoom you at 5."라는 말은 "오후 5시에 화상회의가 가능하다."는 뜻입니다. 이제 대면 보고 도 화상회의 도구를 활용한 비대면 보고로 자연스럽게 변화될 것을 예상할 수 있 습니다. 화상회의 방식은 대면회의를 준비하는 방식과 크게 다르지 않지만, 온라 인 환경이라는 특수성이 있으므로 참석자에게 필요한 에티켓에는 차이가 있습니 다. 여기서는 비대면 화상회의나 온라인 보고를 할 때 주의할 사항을 살펴보겠습 니다.

화상회의 보고 에티켓 10가지

화상회의에 대한 경험이 전혀 없다고 해도 걱정할 필요는 없습니다. 컴퓨터나 스 마트폰 또는 스마트 디바이스를 활용해 참석하는 것을 제외하면 일상적인 대면회 의와 같습니다.

01. 적절한 환경 선택하기

화상회의에 적합한 공간을 만들어야 합니다. 주변 소음이 많은 커피숍과 같은 장 소는 피하고 가급적 조용한 공간을 선택합니다. 그리고 화상회의에 방해가 되는 요소는 없는지 점검합니다. 자녀나 반려동물이 있다면 특히 주의해야 합니다. 또 한 화상회의를 시작하기 전에 비디오 및 오디오 설정을 테스트하기 위해 회의 시 간 5분 전에는 로그인을 해 점검하는 것도 잊지 않아야 합니다.

02. 카메라는 눈높이에 맞추기

회의 참석자가 보고자의 얼굴을 제대로 볼 수 있는지 확인합니다. 얼굴의 일부를 가리거나 이마만 보이도록 카메라 위치를 설정하는 것은 바람직하지 않습니다. 모든 참석자를 동시에 볼 수 있도록 갤러리 뷰를 사용하는 것이 좋습니다. 또한 화상회의 중에는 최대한 카메라를 자주 쳐다보면서 참가자들과 '눈 맞춤(Eye contact)'을 하는 것이 중요합니다. 카메라의 배경이 산만해 보인다면 화상회의 솔루션에서 제공하는 가상배경을 사용해 자신의 얼굴이 제대로 보일 수 있도록 하는 것도 좋은 방법입니다.

03. 말하지 않을 때는 마이크를 음소거하기

다른 참석자가 발언을 할 때는 마이크를 '음소거' 상태로 두어야 합니다. 혹은 노이즈 캔슬링이 제공되는 마이크나 헤드셋, 이어버드를 사용해 음성 간섭이 생기는 것을 미리 방지하는 것이 좋습니다.

04. 1인당 카메라 1대 사용하기

여러 명이 한 대의 카메라와 마이크를 함께 사용하지 않아야 합니다. 그룹 화상회의에 참석하면 반드시 무임승차자(Free rider)가 발생합니다. 따라서 화상회의 참석자의 동등한 참여와 기회를 보장하기 위해 1인 1카메라를 사용해야 합니다.

05. 화상회의 규칙 공유하기

주최자는 화상회의 시간을 30분 미만으로 진행하고 명확한 의제를 참석자에게 공유해야 합니다. 또한 참석자가 의견을 제시하고자 발언권을 얻으려면 어떤 행동을 해야 하는지, 다른 참석자를 방해하지 않기 위해 무엇을 해야 하는지 등의 규칙(Ground rule)을 회의 시작 전이나 회의 시작 직후에 참석자에게 알려야 합니다. 또한 참석자는 주최자가 허락하지 않는 한 회의가 끝나기 전에 떠나는 행동을 하면 안 됩니다. 갑작스럽게 자리를 이탈해야 한다면 채팅을 활용해 1~2분 정도 자리를 비우는 이유를 알리는 것이 좋습니다. 화상회의를 녹화하는 경우에도 반드시 알려야 합니다. 녹화나 녹음을 시작하기 전에 참석자의 동의를 얻는 것은 필수사항입니다. 또 화상회의 중에 카메라를 끄는 것은 매우 무례한 행동입니다. 회의하는 동안에는 카메라를 항상 활성화해야 합니다.

06. 채팅은 회의 주제 토론용으로만 사용하기

화상회의 도중에 줌 바밍(Zoombombing)[1]을 하면 안 됩니다. 발표 도중에 회의 주제와 상관없는 채팅을 나누거나 불필요한 정보, 이미지를 공유해 혼란을 주는 행위도 줌 바밍에 속하므로 유의합니다.

07. 인터넷 문제 발생 시 빠르게 대처하기

인터넷 연결에 문제가 발생하면 먼저 휴대전화를 통해 회의 주최자에게 상황을 알려야 합니다. 따라서 화상회의 참석 전에 주최자의 연락처를 확인해두어야 합니다. 또한 화상회의 도중에 오디오가 들리지 않거나 비디오 신호가 약한 경우에는 카메라를 끄고 주최자나 팀 구성원에게 인터넷 연결 문제가 발생해 다시 접속한다는 메시지를 남기는 것이 좋습니다.

08. 화상회의에 집중하기

화상회의 도중에 휴대전화 통화를 하는 것도 좋지 않습니다. 물이나 커피, 차를 한

---

1) 줌 바밍(Zoombombing)이란 화상회의에 외부인이 접속해 회의를 방해하는 행위를 의미하는 신조어입니다. 특히 미국에서 화상회의 중 낯뜨거운 영상을 재생하는 등 무작위 테러가 잦아지면서 이를 폭격에 빗댄 '줌 바밍'이라는 말을 사용하고 있습니다.

모금 마시는 것은 괜찮지만 식사를 하거나 음식을 먹는 것은 예의 없는 행동입니다. 너무 자주 물을 마셔도 참석자들이 산만하게 느낄 수 있으므로 마시는 횟수를 줄이는 것이 좋습니다. 다른 참석자가 산만하게 느낄 수 있는 행동은 하지 않는 것이 예의입니다.

09. 긴 회의에 대한 휴식 보장하기

비대면 화상회의는 대면회의보다 집중 시간이 짧습니다. 불가피하게 예정된 회의 시간을 넘겨서 진행하는 경우라면 적어도 잠시 휴식을 하거나 화장실에 다녀올 수 있는 휴식시간을 보장하는 것이 매우 중요합니다.

10. 주변의 사람에게 알리기

가족이나 친구에게 화상회의를 하고 있다고 알려야 합니다. 복장이 적절하지 않은 가족이나 친구가 갑자기 문을 열고 화면 안으로 들어오면 난감할 것이기 때문입니다. 화상회의를 진행하는 공간의 문 밖에 "회의 중이나 방해하지 마세요."라는 문구를 붙여놓는 것도 좋은 방법입니다.

▶▶▶ 찾아보기